KB271737

태권도

전원문화사

국기 태권도

발행일 2016년 3월 10일

펴낸이 • 김철영
펴낸곳 • 전원문화사
　　　서울시 강서구 등촌3동 684-1
　　　에이스 테크노타워 203호
　　　T. 6735-2100 / F. 6735-2103
등록 • 1977. 5. 23. 제 6-23호

정가 10,000 원

잘못 만들어진 책은 바꾸어 드립니다.

● 기본동작

▲금강막기

▲주춤옆지르기

▲제비품목치기

▲엇걸어아래막기

옆차기

태권도의 발차기에 있어 가장 중요한 동작으로서 공격할 때는
표적을 정한 뒤 정확하게 발날을 사용하여야 한다.

양주먹제쳐지르기

앞차올리기

두 발 뛰어차기

공중에 뛰어차는 발차기로서 두 발에 동시에 힘을 주어 뛰어오
르는 발차기이다.

우리의 태권도

　태권도는 우리 고유의 무도(武道)이며 현 시대에 경기를 할 수 있는 스포츠라고도 할 수 있다.

　무도라 함은 심신(心身)을 수련(修鍊)함을 말하며 그 수련 과정이 엄하고 까다로워서 오랜 시간을 수련해야 한다.

　이 무도의 정신에서는 국가에 충성하라는 것을 그 첫째로 하고 있다. 다시 말해서 애국, 애족할 수 있는 정신 상태를 말하겠다. 정의와 약자를 위하여 자기를 희생할 수 있는 희생정신, 윗사람을 공경할 줄 알고 서로의 신의를 지키는 가운데 기술을 연마하여 무술로서 자신을 보호하고 방어한다는 점에 근본을 둔다 하겠다.

　아무것도 가진 것 없는 알몸으로 수련 과정에서 힘을 기르고 단련하여 손과 발이 무서운 무기로 변화되는 것이다.

　단련되어 있는 손발에 정신력을 집중시켜 사용한다면 일격필살(一擊必殺)의 무서운 파괴력이 나타날 것이다. 다시 말해서 내공과 외공의 혼합체라고도 볼 수 있다. 무서운 힘을 지닌 태권도이기 때문에 정신 수양이 중요하며 언제나 인내와 겸손함을 잊어선 안 되겠다.

　그리고 경기를 할 수 있는 운동이라 함은 곧 대중화된 운동을 말한다. 누구나가 배우고 숙달될 수 있는 운동이다.

　태권도란 무서운 위력을 지녔기 때문에 경기 규정 또한 까다

롭지 않을 수 없다.

우선 몸을 보호하기 위하여 호구를 착용해야 하고, 한정된 장소와 시간내에 인체의 정해진 부분에 손과 발을 사용하여 기술적으로 상대를 때림으로 득점을 얻어, 승패를 가리게 된다. 또한 무도 정신이 결부되어 있기 때문에 태권도 경기는 참으로 신선한 경기가 될 수 있는 것이다.

태권도는 뼈와 근육, 관절을 이용하여 몸 전체를 움직이는 운동이기 때문에 행동하는데 좀더 원활성을 주는 전신운동이라 하겠다.

동작 하나하나가 우리 몸에 적합하도록 되어 있고 수련 과정이 단계별로 체계적으로 합리화되어 있기 때문에 어느 운동보다도 과학적이라 할 수 있겠다.

태권도는 짧은 시간에 많은 것을 배우는 것보다, 같은 동작이라도 오랜 시간 동안 여러 번 숙달시켜줌으로써 보다 효과적이라 하겠다.

태권도는 우리의 국기(國技)이다.

태권도의 종주국에서 생활하는 우리들은 태권도를 좀더 알고 많은 사람이 배워서 우리들의 사회가 원하고 국가가 원하는 한 사람이 되어야겠다.

차례

제1장 태권도의 정의
태권도란 ·························· 12
국기로서의 태권도 ·················· 14
태권도의 전문용어 ·················· 16

제2장 태권도의 역사
태권도의 역사 ····················· 20
고구려시대／신라시대／백제시대／고려시대／조선시대

제3장 인체 및 사용 부위
인체의 구분과 대표적 급소 ············ 26
인체의 급소(앞) ···················· 27
인체의 급소(뒤) ···················· 28
주   먹 ···························· 29
손   날 ···························· 31
발의 사용 부위 ····················· 33

제4장 기본 동작
서기(자세) ························· 36
막기와 지르기 ····················· 44
발차기 ···························· 51

제5장 품 세
태극 1장 ·························· 60
태극 2장 ·························· 66
태극 3장 ·························· 73
태극 4장 ·························· 83
태극 5장 ·························· 91
태극 6장 ·························· 101
태극 7장 ·························· 110
태극 8장 ·························· 119
고   려 ···························· 130
금   강 ···························· 143

태　백···153
평　원···167
십　진···177
지　태···190
천　권···202
한　수···213
일　여···222

제6장 겨루기
3본겨루기···232
1본겨루기···242

제7장 단　련
준비하기 쉬운 단련대의 종류·····························254
단련의 요령···255
주　먹···256
손　날···257
팔　굽···257
앞차기···258
옆차기···258

제8장 호신술
머리를 잡혔을 경우···260
오른 어깨를 잡혔을 경우·····································261
왼 어깨를 잡혔을 경우··262
양손으로 가슴을 잡혔을 경우·······························263
등 뒤에서 팔 밖으로 껴안을 때·····························264
등 뒤에서 팔 안으로 껴안을 때·····························265
허리띠를 잡혔을 때···266
오른 손목을 잡혔을 경우·····································267
양손을 잡혔을 경우···268
한 손으로 양손을 잡혔을 경우·······························270
공격적인 저의를 품고 악수를 청했을 때·················271

부　록
1. 경기 규칙···274
2. 주심의 신호···292
　　경기 시작 전／경기 시작／경기 진행 중의 중단／감점／경고
　　／승자 선언

제 1 장

태권도의 정의

●

우리나라에서 독자적으로
창시(創始)된 고유의 전통 무술로서
이제는 세계화된 공식 스포츠로
전세계에 보급되어 있다.
동양 무술 중에서 가장 오랜 역사와
전통을 지니고 있는 세계적인 무도 스포츠로
1961년 9월 16일 대한태권도협회가 창립된 이래
수차의 세계선수권대회를 가진 바 있다.

태권도란

태권도가 미치는 신체적 이득

태권도는 전신 운동으로서 상대방으로부터 공격을 받았을 때 손과 맨발로 인체의 관절을 무기화하여 자신을 방어하고 공격하는 무도(武道)이다.

즉, 태권도는 유연하고 부드러운 기술과 날카롭고 강력한 기술을 동시에 사용하기 때문에 몸의 거의 모든 부분을 발달시켜 준다.

또한 정확성과 속도를 그리고 힘과 절제를 동시에 요구하기 때문에 근력, 순발력, 심폐 기능을 증강시켜 준다.

그 외에도 태권도가 주는 신체적 이득은 어떤 특별한 신체 부위가 아닌 전신 운동으로서 인체의 모든 기관에 에너지를 발생시켜 주므로 근육 구조 전체를 골고루 발달시켜 주는 운동인 것이다.

태권도가 미치는 정신적 건강

태권도는 건전한 사고를 갖도록 해준다. 수련을 통하여 심신 단련을 꾀하고 강인한 체력과 굳은 의지로 정확한 판단력과 자신력을 길러 강자에게 강(强)하고 약자에게 유(柔)하며, 예절 바른 태도로 자신의 덕(德)을 닦는 행동 철학이다.

    태권도의 정신은 수련에 의해 얻어지는 기술의 소산(所産)이다. 인간은 육체적인 단련 없이는 건전한 생각과 깨달음과 꿈이 생겨날 수 없다. 투기(鬪技)인 태권도는 강인하고 용기 있는 성품으로 변모시켜 매사에 주저 없이 앞장설 수 있는 통찰력을 길러 준다. 통솔력과 강한 담력은 심리적으로 안정을 유지하며 의연(毅然)해진다. 의연한 태도는 인내성을 가져오고 인내는 겸양(謙讓)을 낳게 된다. 겸양은 희생적 정신으로 자아(自我)를 극복하게 되고, 협동과 질서를 유지하며, 정돈된 사회를 이룩하여 비굴하지 않는 사회의 봉사자로서 뚜렷한 개성(個性)을 창조한다.
    즉,

	반응력 ⇨ 판별력 ⇨ 담력 ⇨ 자신
수련	자신력 ⇨ 자위·자주 ⇨ 자립 ⇨ 의연
	통솔력 ⇨ 용기·행동 ⇨ 애족 ⇨ 애국

    태권도는 많은 현대 스포츠와는 달리 무도 정신과 스포츠 정신이 함께 결정(結晶)된 무도 스포츠로서 하나의 인간을 다듬어 바르고 참된 인품을 만드는 근원이 되며, 인간이 희구(希求)하는 육체적 건강과 정신적 건강이 함께하는 행복의 길잡이가 되는 것이다.

국기(國技)로서의 태권도

전세계의 태권도로!

후술하는 태권도의 역사에서 알 수 있겠으나, 태권도는 2,000
년 전 삼국시대부터 이미 행해졌음이 입증되며, 우리의 국기로
서 당당하게 자랑할 수 있는 역사와 내용이 담긴 무예적 스포츠
임은 새삼 말할 것도 없다.

중국의 권법은 약 1,500년 전에 소림사(少林寺)에서 시작되었
고, 일본의 가라데(空手, 唐手)는 약 500년 전 오키나와에서 시작
되었음을 볼 때, 동양 무술 중에서 가장 오랜 역사와 전통을 지
닌 무술임을 확증할 수 있다.

그러나 우리 민족의 얼과 생활 속에 맥맥히 이어 내려온 태권
도는 조선 말기에 이르러 일본의 속박하에서 심지어는 풍습과
언어에까지 탄압을 받아 왔으므로 태권도도 역시 세찬 바람을
맞아야 했고, 그 결과 중국의 권법과 일본의 가라데가 표면에
나와 판을 쳤으며, 우리 태권도가 마치 중국 권법이나 일본의
가라데의 아류(亞流)쯤으로 인식되는 설움도 겪어야만 했다.

8·15 광복과 더불어 비전(秘傳)되어 오던 태권도는 소수의 이
방면 지도자들이 태권도의 재건과 진흥을 위해 각각 도장을 차
려 후배 육성에 임하여 태권도의 저변 확대가 활기를 띠게 되었
고, 1961년 9월 16일 태권도의 국내 통합체로서 대한태권도협회
가 창립되면서부터 무도에서 스포츠화하였으며 경기화(競技化)
의 서장을 열게 되었다.

 그 후의 중요 연역을 간추리면 다음과 같다.

 1962년 6월 20일, 대한체육회에 경기 단체로 가맹하여 1963년 10월 14일, 제44회 전국체육대회(전주)에 정식 경기 종목으로 첫 참가하였다.

 1972년 11월 30일, 국기원을 건립(초대 원장 金雲龍)하였고, 이듬해 5월 25일 제1회 세계태권도선수권대회(서울)를 개최하였다. 1975년 10월 5일, 국제경기연맹(GAISF)에 세계태권도연맹에 가맹했다.

 1980년 7월 17일, 제83차 국제올림픽위원회(IOC) 정기총회(모스코바)에서 세계태권도연맹을 공식 승인하였으며 1983년 9월 22일, 아시아올림픽평의회(OCA) 회장단 회의에서 '86아시안게임에 태권도 종목을 정식으로 채택할 것을 결정하였다.

 태권도는 스포츠로서 또는 호신술로서 극적인 발전을 보게 되어 세계 각국에 급속도로 전파되어 가고 있어 현재 세계 각국으로 숙달된 한국인 사범이 도장을 차리고 직접 지도하고 있다. 현재 미국에만도 1, 200명이 넘는 사범이 있는 것으로 보아, 태권도는 세계적인 스포츠로 요원의 불길처럼 번져 가고 있는 것이다.

 이와 같이 해가 거듭할수록 우리의 국기로서의 태권도가 아닌 전세계의 태권도로 비약한 오늘날, 태권도를 보다 숭고하고 알차게 승화시키는 일이 전국민의 자부이자 의무로 강조되어야 할 시점에 있다고 하겠다.

태권도의 전문 용어

태권도의 경기 진행에서 구령은 물론, 관계 용어는 세계적으로 한국말이 사용된다. 세계 각국에 진출하고 있는 수준이 높은 사범들이 모국어로 지도하고 있기 때문에 자연스러운 일이기도 하다.

■ 경기진행 · 심판보호

1. 차려	2. 경례	3. 좌우향우
4. 준비	5. 일회전	6. 이회전
7. 삼회전	8. 시작	9. 그만
10. 갈려	11. 주의	12. 경고
13. 감점	14. 감점하나	15. 계속
16. 승	17. 청	18. 홍
19. 시간		

■ 기초용어

1. 관장님	2. 사범님	3. 유단자, 무단자
4. 도복	5. 기본	6. 기술
7. 동작	8. 특수동작	9. 돌아
10. 태극	11. 고려	12. 격파
13. 끝남		

■ 신체부위 용어

1. 자세	2. 얼굴	3. 턱
4. 팔목	5. 팔굽	6. 머리
7. 몸통		

손

1. 손날	2. 손가락	3. 손날등
4. 한손끝	5. 장칼	6. 집게손
7. 갈퀴손	8. 가위손끝	9. 두손끝
10. 편손끝		

주먹

1. 주먹	2. 등주먹	3. 메주먹
4. 편주먹	5. 밤주먹	6. 옆주먹

발

1. 발바닥	2. 발날	3. 발등
4. 발목	5. 발꿈치	6. 무릎

■ 기술적 용어

서기

1. 편히서기	2. 모아서기	3. 주춤서기
4. 앞주춤서기	5. 앞굽이	6. 앞서기
7. 뒷굽이	8. 범서기	9. 꼬아서기
10. 한다리서기	11. 준비서기	12. 차려서기
13. 학다리서기	14. 학다리오금서기	15. 날개펴기

치기와 지르기

1. 손날치기	2. 옆지르기	3. 아래지르기
4. 반대지르기	5. 몸통지르기	6. 내려치기
7. 얼굴지르기	8. 메주먹치기	9. 손날바깥치기
10. 제쳐지르기	11. 턱치기	12. 새우지르기
13. 목치기	14. 소습치기	15. 바위밀기
16. 편손끝찌르기	17. 왼큰돌쩌귀	18. 칼재비
19. 메주먹때리기		

차기

1. 앞차기	2. 옆차기	3. 뒷차기
4. 무릎차기	5. 돌려차기	6. 반달차기
7. 비틀어차기	8. 잡고차기	9. 몸돌려차기
10. 높이차기	11. 표적차기	12. 이단뛰어뒷차기
13. 두발당성	14. 뛰어모듬발차기	

막기

1. 얼굴막기	2. 몸통막기	3. 아래막기
4. 옆막기	5. 헤쳐막기	6. 엇걸어막기
7. 손날막기	8. 손날몸통막기	9. 손날아래막기
10. 손바닥눌러막기	11. 거들어막기	12. 바깥손목헤쳐막기
13. 산틀막기	14. 가위막기	15. 바위막기
16. 외산틀막기		

제 2 장

태권도의 역사

●

오늘날 세계적으로 각광을
받게 되기까지 태권도의 발전 과정은
많은 발자취를 남기고 있다.
오늘날의 태권도와 비슷한
무예 형태의 확실한 발자취는 이미
삼국시대에서 찾을 수 있다.
이를 시대별로 간추려
소개하기로 한다.

태권도의 역사

고구려시대

삼국시대 때 고구려 문화는 말할 것도 없이 우리 민족 문화의 여명기로서 독창적인 내용을 지니고 있다. 태권도의 가장 오래된 실증(實證)은 이 고구려의 고분 벽화에 그려진 풍속도에서 찾아볼 수 있다. 즉, 고구려가 도읍으로 정했던 국내성(國內城)과 환도성(丸都城;현재 만주 통화성 집안현 통구) 지방에 있는 고구려시대의 고분 중 하나인 무용총(舞踊塚) 현실(玄室)의 천장에 두 사나이가 서로 마주서서 겨루는 그림이 그려져 있고, 또 삼실총(三室塚)의 동벽과 서벽에 품세의 자세가 그려져 있다. 그리고 황해도 안악군의 고분인 동수묘(冬壽墓)의 전실(前室) 동벽에 태권도 겨루기의 자세가 그려져 있다. 이와 같은 사실로 미루어 태권도가 많은 고구려인들에 의해 수련되었음이 입증되고 있다.

신라시대

고구려·신라·백제 삼국시대로 들어가 서로 상충적대(相衝敵對)하게 되자, 자연히 무예 진흥을 서두르게 되었고, 특히 진흥왕(24대, 534~576) 때 범국가적인 청소년 수양 단체가 되었던 화랑(花郞)들의 무예 수업이 왕성했고 그들의 무술의 하나로서 수박(手搏)을 행하였다. 이 수박은 인재를 선별함에 있어 그 판별 방법 중의 한 과목이었다.

 그 외에도 태권도의 역사적 사실을 입증할 수 있는 증거가 많다. 예컨대 경주 불국사의 석굴암에 부조(浮彫)된 금강역사 보살상이 태권도의 막기 자세를 취하고 있는 것은 석가모니의 호위장으로 역사(力士)를 표현한 것이나, 이 상(像)으로 인하여 당시 화랑들에게 미친 태권도의 영향이 대단한 것으로 본다.

 또 고려 고종 때 이승휴(李承休)가 지은 「제왕운기(帝王韻記)」에 나타난 신라 때의 탁견술(托肩術)을 기록한 글 중에 신라 옛풍습에 비각술(飛脚術)이라 하여 서로 마주서서, 서로 차고 거꾸러뜨렸다고 되어 있다. 이에는 세 가지 법이 있어, ‘첫째, 다리를 차고, 둘째, 잘하는 자는 어깨를 차고, 셋째, 비각술이 있는 자는 상투를 찼다.’라고 기술되어 있다.

고구려 고분 각저총의 겨루기를 하는 모습

석굴암에 있는 금강역사의 모습

백제시대

백제에서는 태껸, 즉 태권도가 행해졌다는 기록이나 유적을 볼 수 없으나, 「제왕운기」에 의하면 백제의 무술로 수벽타(手擘打)의 오묘한 기술을 묘사하고 있다. 또한 오늘날에 남은 태껸의 유적이나 기록이 없다고는 하나, 고구려·신라·백제는 문화, 신앙은 물론 풍습이나 언어, 사회적 기능 등 여러 면에서 공통성이 많았으므로 백제에서도 태껸이 보급되어 있었음을 능히 짐작할 수 있다.

그러한 실증의 하나로 태껸을 연상시키는 변전희(便戰戲)라는 경기가 백제에서 행해졌다는 기록이 남아 있다.

변전희란, 남원지방을 중심으로 지리산 주변에서 왕성했던 민속 경기로, 두 패로 나누어 승부를 하는 것으로, 이 변전희는 현재의 태권도를 의미하는 것이라 생각해도 틀림이 없다.

이러한 기록은 고구려, 신라에 뒤지지 않고 백제에서도 태권도가 깊이 뿌리를 내리고 있었다는 것을 증명한다.

고려시대

고구려·신라 때 어느 정도 틀을 갖춘 태껸이 더욱 체계화된 것은 고려시대에 이르러서이다. 특히 무인들의 사회에서 무술 연마의 일환으로 독특한 한 분야를 차지하고 있었던 사실은 여러 사실(史實)에 의해 알 수 있다.

「고려사」에서는 태권도를 수박(手搏) 또는 수박희(手搏戱)라고 기록했으며, 무예를 권장했기 때문에 그 수준도 상당했던 것으로 알려져 있다.

나라에서도 수박희를 잘하는 사람에게 벼슬을 내리기도 했다는 기록도 많이 볼 수 있다.

한 가지 재미있는 일화를 소개하면, 고려의 무인 두경승(杜景升)은 수박희를 잘하는 친구들과 어울려 다니는 것을 보고, 그의 장인 상장군 문유보는 두경승에게 "수박희는 위험한 무술일 뿐 아니라 품격이 없는 사람들이 하는 것이니 배우지 말라."하여, 두경승은 장군으로 승진할 때까지 수박을 배우지 못하였다는 일화도 있다.

조선시대

무인들의 사회에서 주로 돋보였던 고려시대의 수박희와는 달리 조선시대에 와서부터는 일반화되어 대중들의 수련과 겨루기 등 일반 백성들의 생활 영역까지 크게 파고들었다. 「동국여지승람(東國與地勝覽)에 의하면, 충청도 은진현(恩津縣) 경계에 있는 작지(鵲旨) 마을에서는 해마다 백중날(음력 7월 15일)이면 근방 충청도와 전라도 두 도에 살고 있는 사람들이 모여 수박희를 겨룬다 하였다. 이때는 이미 수박희가 무예의 영역에서 벗어나 순전한 스포츠적인 내용으로까지 진전되고 있음을 알 수 있다.

정조(正祖) 14년(서기 1790년) 왕명에 의해 이덕무(李德懋)와 박제가(朴齊家) 두 사람이 저술한 우리나라에서 가장 오래된 병법서인 「무예도보통지(武藝圖普通誌)」가 있다.

여기에는 첫머리에 권법(拳法)이라는 이름으로 태권도의 동작이 실려 있다. 그 밖에 무기의 사용법까지 수록되어 있다. 무과(武科) 벼슬을 하려면 태권으로 세 사람 이상을 물리쳐야만 했었으며 태종 임금은 잔치를 베풀고 군인들로 하여금 태권 시합을 하도록 하는 등 큰 관심을 보였었다.

제 3 장
인체 및 사용 부위

●

무예를 닦으려면 적어도
인체의 급소는 반드시 알아 두어야 한다.
그림으로 자세하게 설명하고 있으므로
참고하기 바란다.

인체의 구분과 대표적 급소

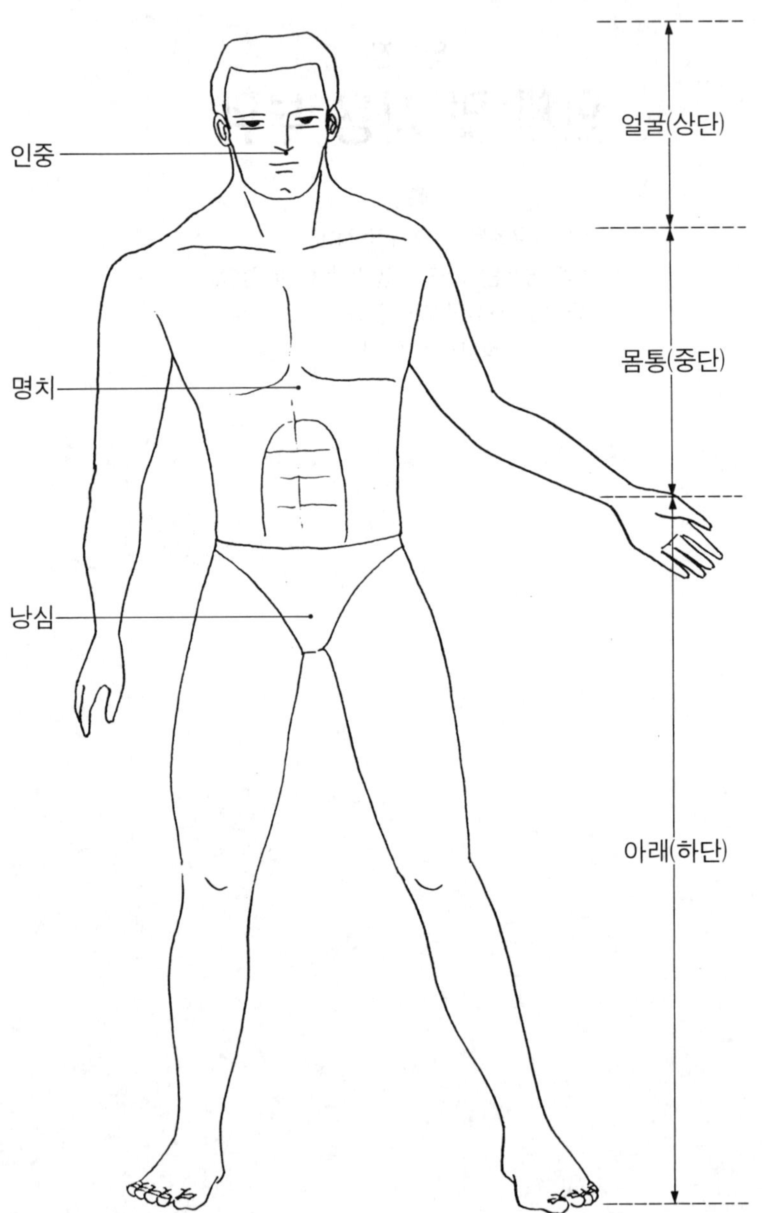

인체의 급소(앞)

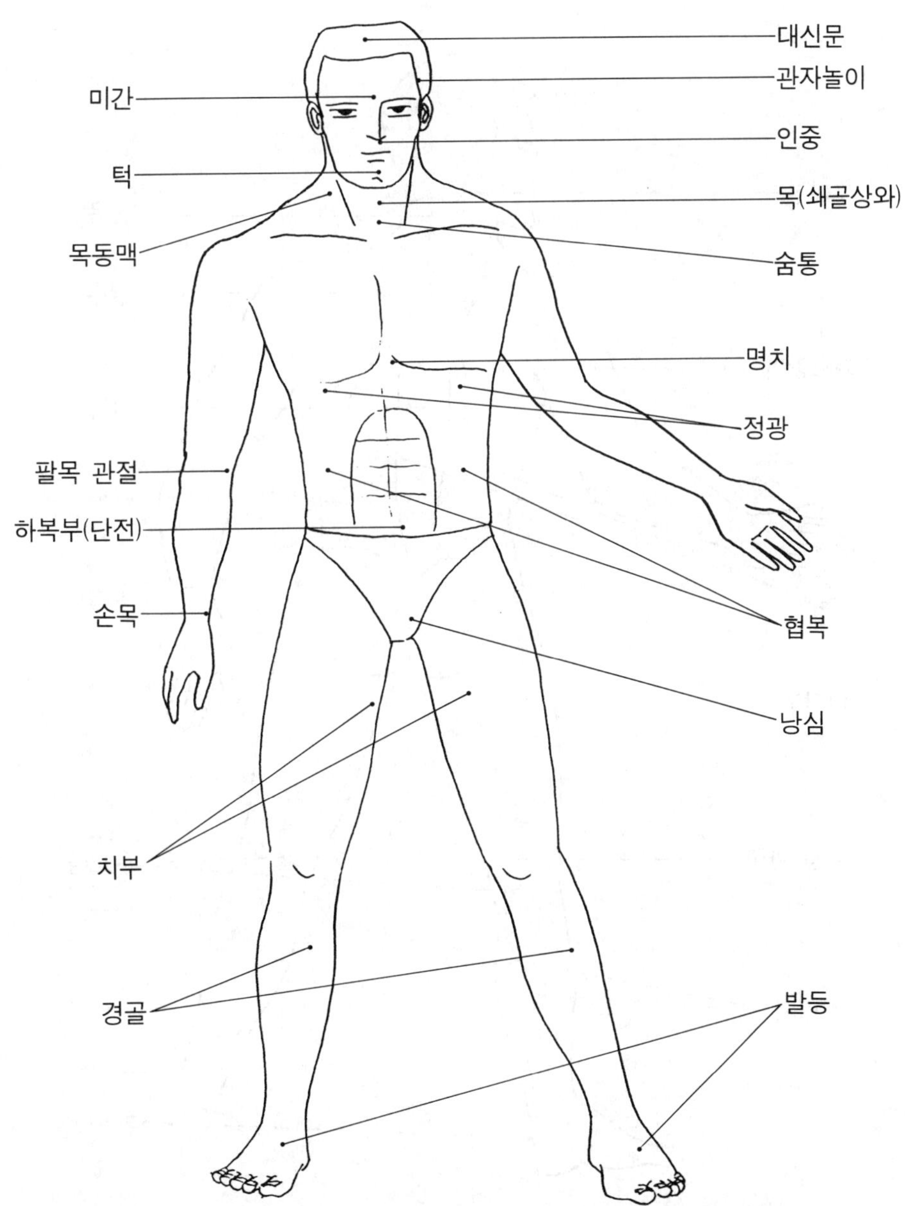

인체의 급소(뒤)

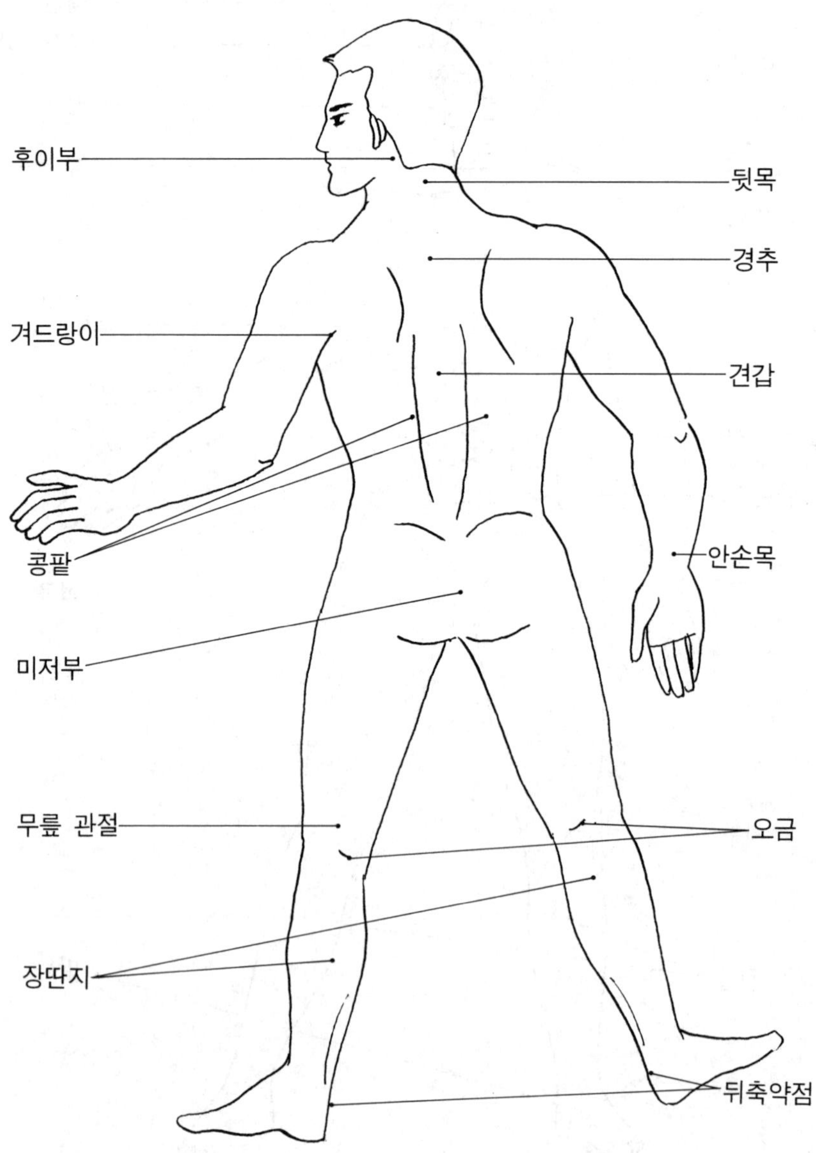

주 먹

　주먹을 쥘 때는 손가락을 모아서 끝에서부터 말아 쥔다. 엄지는 손바닥쪽으로 인지와 중지를 눌러 주어 마디가 풀리지 않게 한다.

※ 공격시에는 팔목과 주먹이 수평을 이루게 한다.

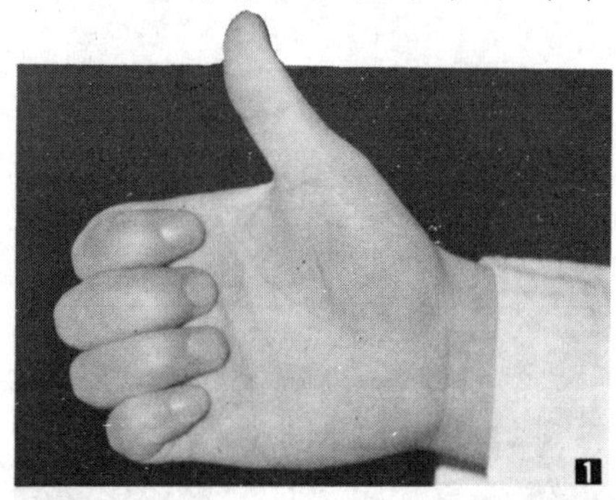

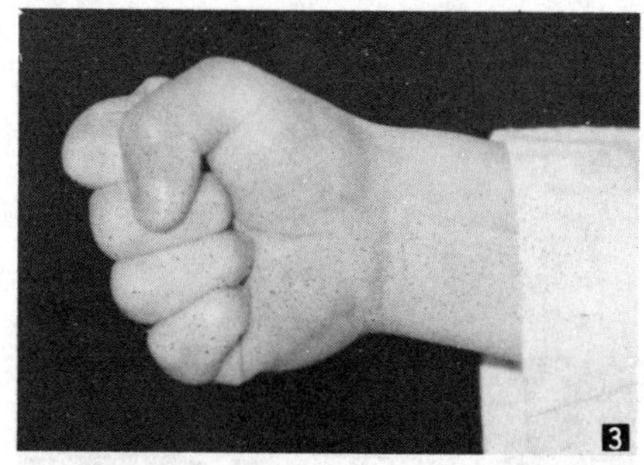

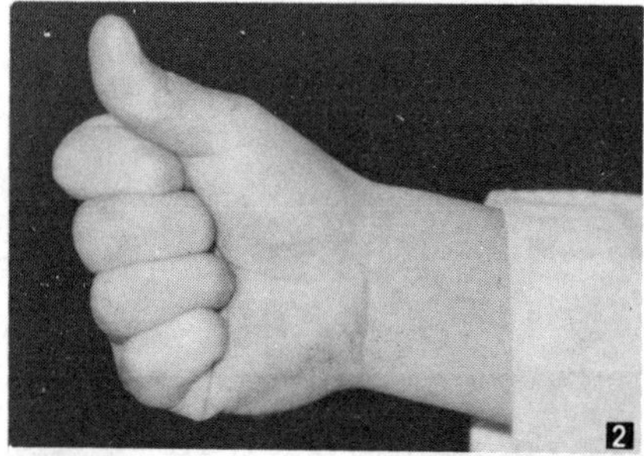

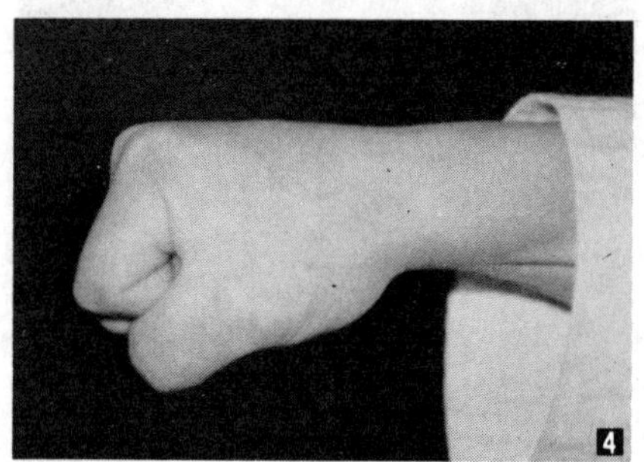

주먹을 세워 쥘 때

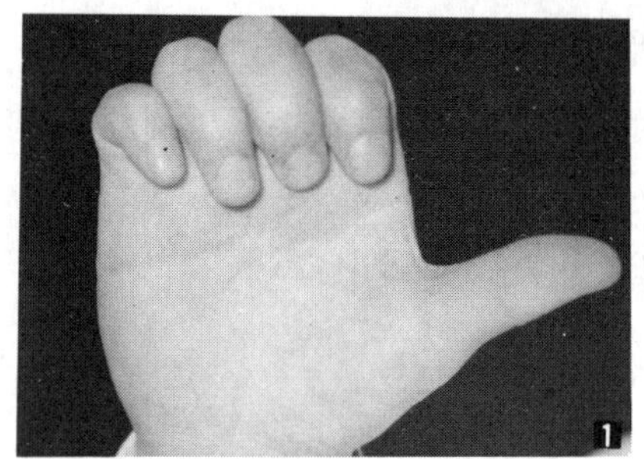

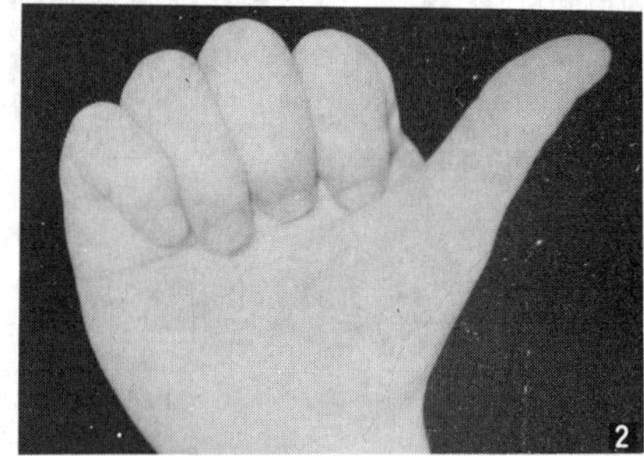

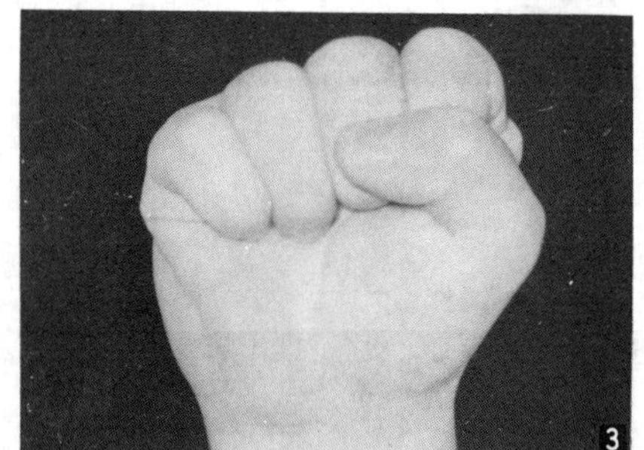

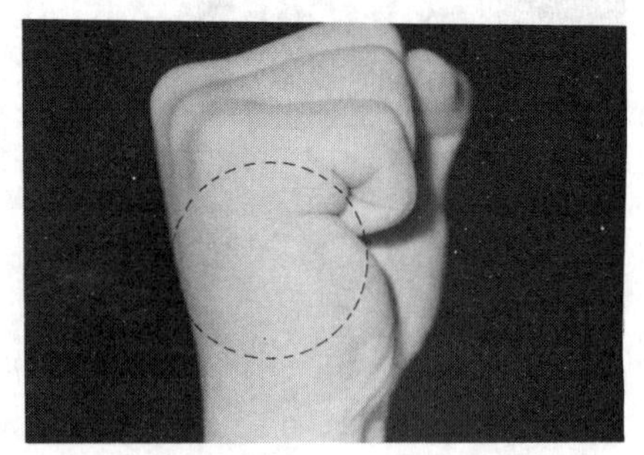

메주먹

손날

손가락을 붙이고 손끝을 당겨 중지와 약지를 똑같이 이루고
엄지는 손바닥 안쪽으로 붙인다.

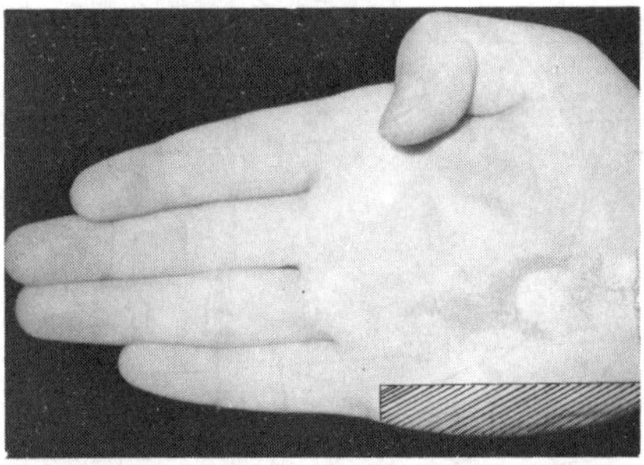

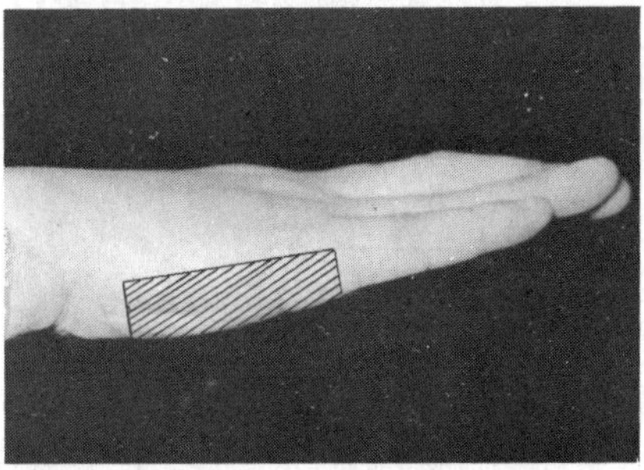

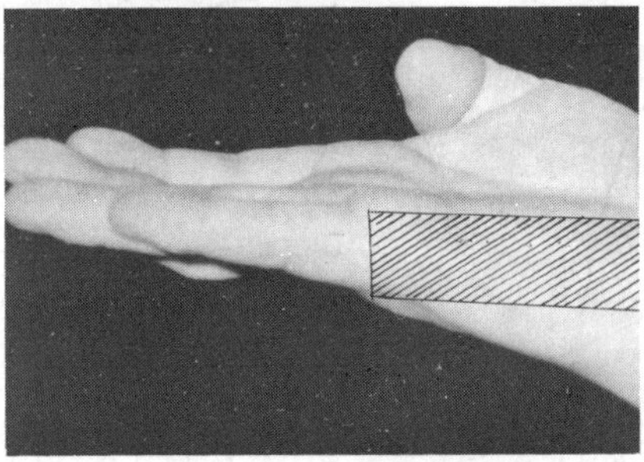

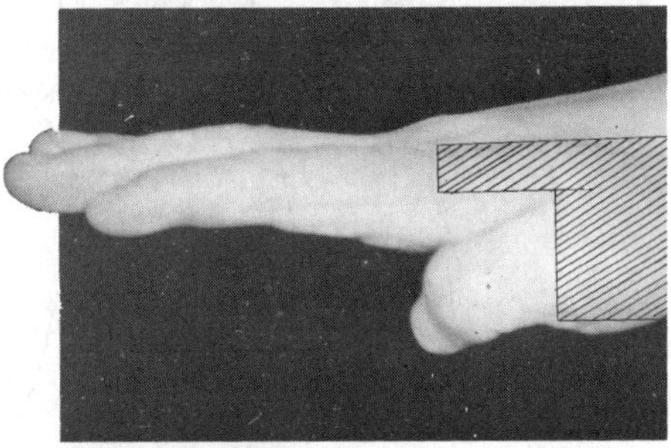

손날등(역수)

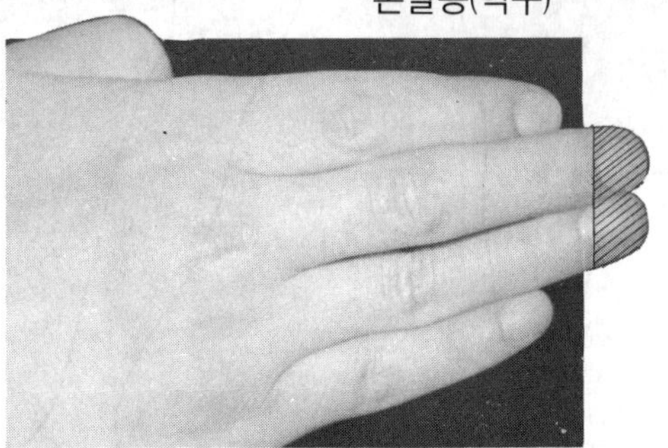

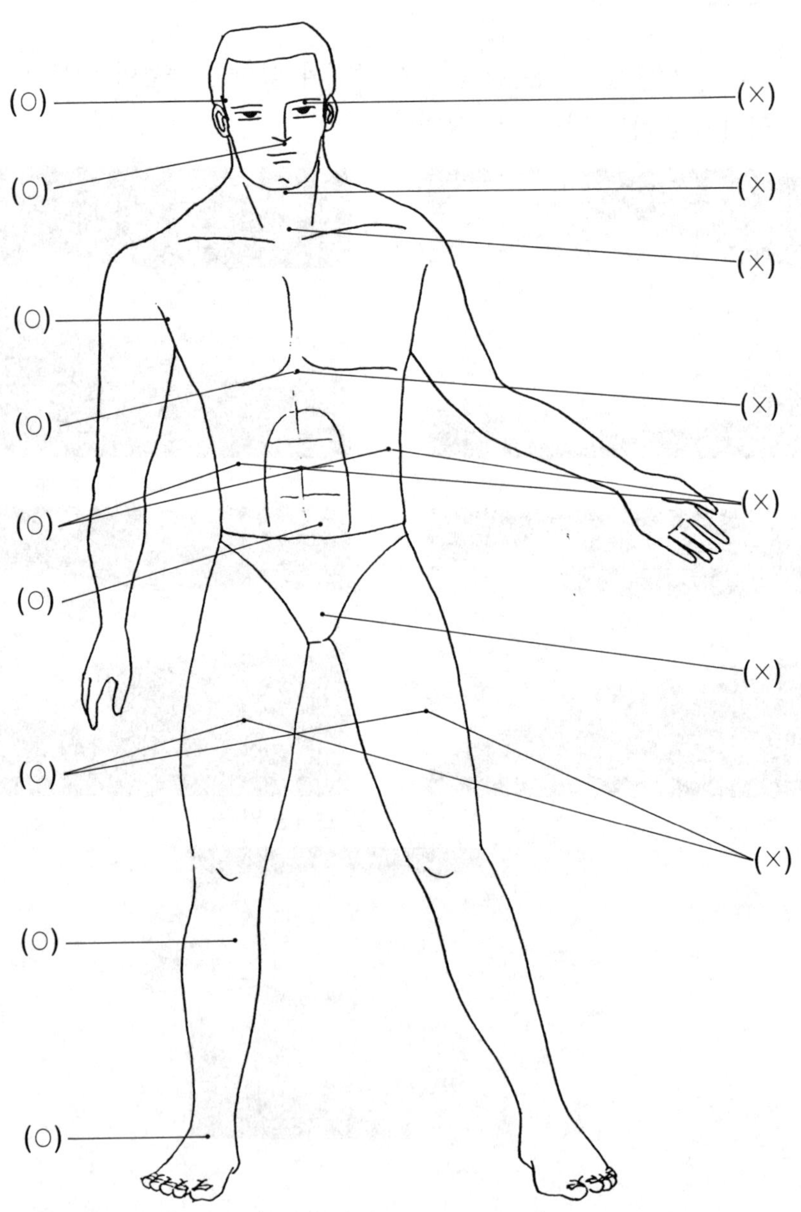

■주먹 공격 부위(○)
■손끝 공격 부위(×)
(○)
(○)
(○)
(○)
(○)
(○)
(○)
(○)
(○)
(×)
(×)
(×)
(×)
(×)
(×)
(×)

발의 사용 부위

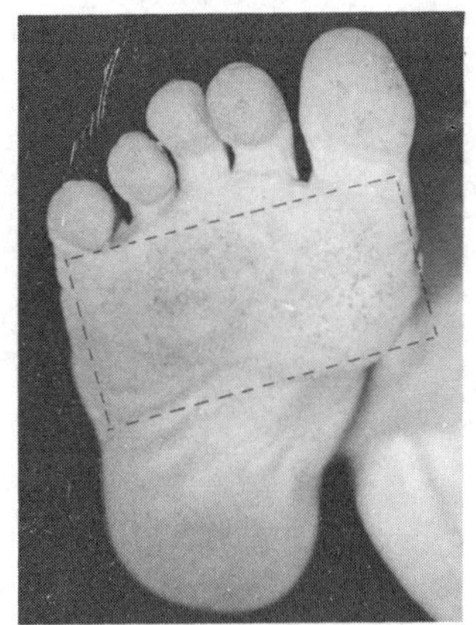

앞축

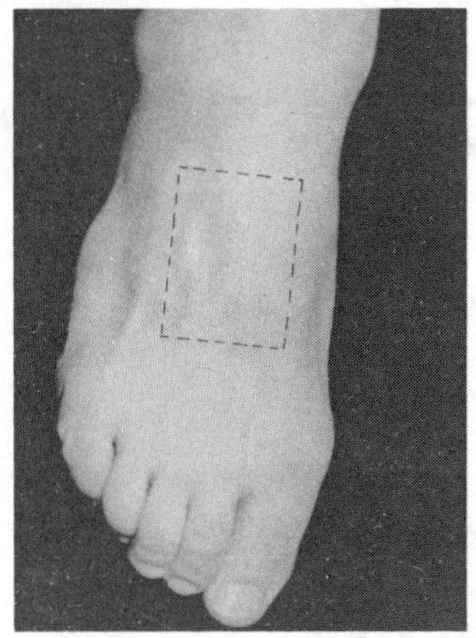

발등

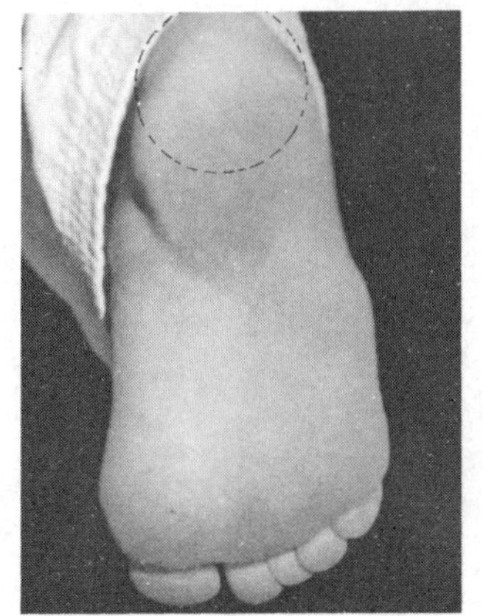

뒤축

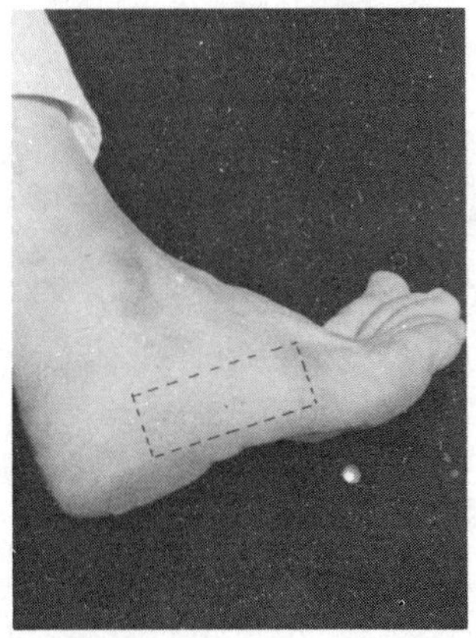

발날

제 4 장

기본 동작

●

태권도의 모든 기술은 바로
이 기본 동작에서 시작된다. 기본 동작은
많은 수련을 통해 바르게 익혔을 때 비로소
모든 기술을 자신의 기술로 만들
수 있는 것이다. 특히 품세의
동작 구성이나 겨루기의 막기 · 지르기가
기본 동작에서 응용되었기 때문이다.
그러므로 기본 동작은 본인도 모르는 사이에
응용하여 반사적인 행동을 취할 수
있을 정도로 많은 수련을 쌓아야 한다.
※ 이외에도 많은 동작이 있으나 필수적으로
익혀야 할 동작을 소개한다.

서기(자세)

　서기는 몸이 정지되어 서 있는 상태를 말하고, 품세의 동작 구성이나 겨루기의 공격, 또는 방어 동작의 가장 중요한 구실을 한다.

　서기 자세는 몸 전체의 균형을 이루는 중심점으로 겨루기시의 공격·방어 등 자신의 신체의 균형이 잘 이루어져야만 효율적인 수련을 쌓을 수 있다.

※ 서기는 많은 종류가 있으나 필수적으로 알아 두어야 할 몇 가지를 소개한다.

앞서기
보통 사람들이 걷는 자세로써 앞발이 중심의 70%를 차지하며
걷는 도중 정지한 상태와 같다

앞굽이(앞굽혀서기)
가장 안정된 자세로써 양 발의 넓이는 어깨 넓이 정도로 유지
하며 중심은 양 발에 둔다. 앞발은 45° 정도 구부리고 뒷발은
곧게 펴야 한다
※어깨는 일직선을 이루며 배가 나오면 안 된다

뒷굽이(뒷굽혀서기)

앞발과 뒷발의 거리는 어깨 넓이 정도이며 앞발을 당겼을 때
직각이 이루어져야 한다
중심은 뒷발에 90% 이상을 두고 앞발은 가벼운 상태로 놓여 있
어야 한다

범서기

앞발의 뒤꿈치를 들고 무릎은 안으로 오므린다. 뒷발은 45° 각
도를 유지하며 방골은 주춤세와 같은 자세를 유지한다
※호랑이가 포효하기 직전의 자세라고 불리운다

앞주춤서기
앞발과 뒷발은 수직을 이루며, 양 무릎을 약간 안으로 오므려
주춤하고 서 있는 동작이다.

모아서기
양 발을 붙여 바르게 서 있는 자세

편히서기
보통 준비서기에 사용되며 모아서
기 자세에서 왼발을 어깨 넓이로
벌린 상태이다

 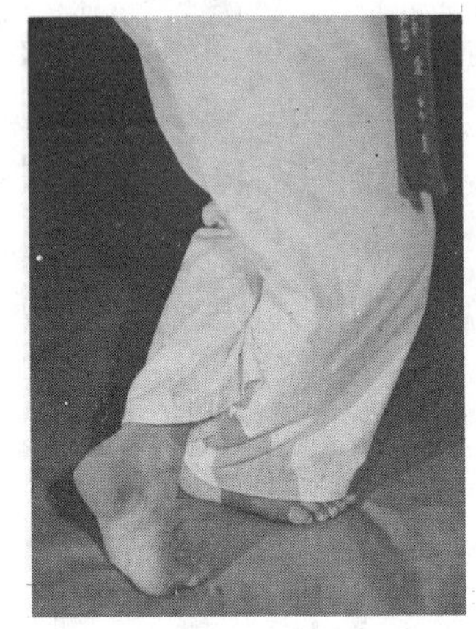

꼬아서기
앞발과 뒷발이 꼬여 있는 상태이며 뒷발의 뒤꿈치를 들고 무릎
을 바짝 붙인다

학다리서기
한 발을 들어 무릎 옆에 발바닥을 가볍게 붙여
선다. 몸의 중심을 바르게 잡는다

학다리 오금서기
학다리서기와 비슷하며 발등을 무릎 뒤쪽에 붙여 선다

주춤서기
양 발의 넓이는 한걸음 반 정도이며 몸을 바르게 세워 무릎 관
절만 약간 구부려 선다
※아랫배에 힘을 주며 무릎이 안쪽으로 들어오면 안 된다

막기와 지르기

　막기와 지르기는 주먹과 손날을 이용한 실전의 공방에 있어서의 기본 동작이다. 기본 동작을 잘 알아야 태권도의 모든 동작을 응용할 수 있기 때문에 초보자가 수련하고자 할 때는 같은 동작을 계속 연습하는 것이 중요하다.

　실제의 위급 상황일 때 응용 동작이 저절로 나타날 수 있도록 동작의 반복·숙달시킴을 항상 생각해야 한다.

아래막기
막는 방향의 반대 어깨까지 주먹을 끌어올려 무릎 윗부분으로
막는다
※ 앞차기 공격시 가장 많이 사용되며 옆 팔목으로 막는다

몸통지르기
지른 주먹의 띠 옆에서 주먹을 제쳐
상대방의 명치 부분을 지른다

얼굴지르기
몸통지르기와 같은 방법으로 상대방
얼굴(인중)을 지른다

얼굴막기
막는 방향 반대쪽 손의 팔꿈치 밑에
서 얼굴을 감싸서 얼굴 위로 막는다
(주먹의 위치는 이마 위 10cm 정도)

몸통 바깥막기
얼굴막기와 같은 방향으로 몸통 안
쪽에서 바깥쪽을 막는다
손등은 앞을 보고 팔꿈치는 명치 앞
에 고정시킨다

몸통 안막기

몸 바깥쪽에서 안쪽으로 막는다. 주로 뒷굽혀서기에서 많이 사
용하며 팔꿈치는 명치 높이로 고정시킨다

거들어 몸통막기

몸통 바깥막기에서 한 손을 거들어 준다. 거든 손은 명치 앞에
고정시켜 준다

손날 아래막기
양 손날을 어깨 위까지 끌어올려 얼
굴을 감싸서 무릎 위로 막는다
한 손은 명치 앞에 고정시킨다

손날 몸통막기
손날 아래막기와 같은 방향으로 막
되, 한손날의 높이는 얼굴을 감싸서
얼굴 높이에 위치한다

엇걸어 얼굴막기
양 주먹을 양쪽 옆구리에서 교체시켜 얼굴 위를 막는다

제비품 목치기
앞굽이에서 발쪽의 손은 얼굴막기를 하고 반대의 손은 손날 목
치기를 한다. 서기 자세는 고정시키고 허리를 약간 틀어 준다

주춤 옆지르기
주춤서기로 상대방의 겨드랑이를 공격한다. 몸통지르기보다 깊
이 공격할 때 사용한다

왼편히서기 오른편히서기

메주먹때리기

편히서기에서 한쪽 발을 공격하는 쪽으로 향한다. 메주먹은 얼
굴을 감싸서 내려친다

발 차 기

　발차기는 발의 기술을 이용하여 상대방을 공격하는 것을 말한다. 태권도의 발차기는 수가 헤아릴 수 없을 정도로 종류가 많으나 태권도 수련생이라면 필수적으로 수련을 쌓아야 할 것을 몇 가지만 소개한다.

앞차올리기

공격보다는 발차기 하기 전에 허벅지 근육과 허리, 등을
유연하게 하기 위한 동작이다
※ 무릎을 곧게 펴고 어깨를 향하여 힘껏 끌어올린다

앞차기

앞축으로 공격하며 무릎 관절을 접어 끌어올린 뒤 힘껏 뻗
어 공격한다
※ 몸통, 얼굴 등을 공격한다

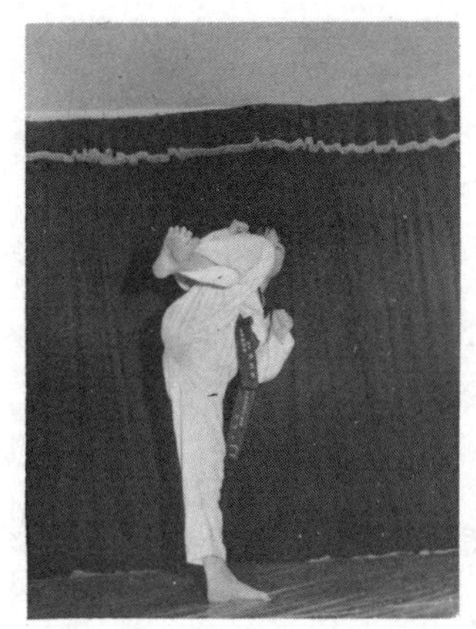 

돌려차기(앞돌려차기)

몸을 옆으로 틀어 발을 끌어올린 뒤 측면을 향하여 무릎
관절을 펴서 앞축으로 찬다.
※ 발등으로 공격할 경우도 있다.

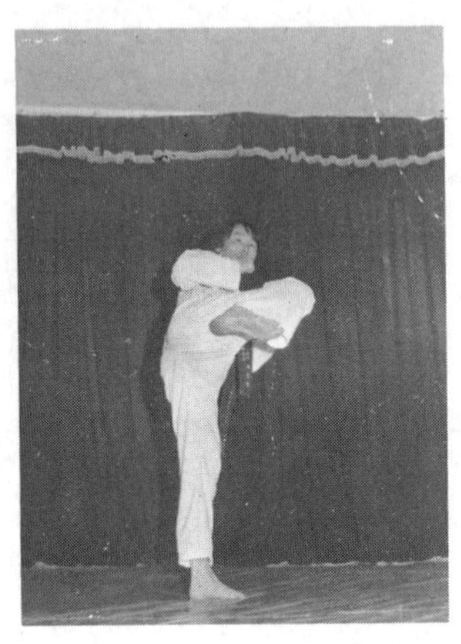 

옆차기
발차기 중 가장 위력이 있는 차기이다. 몸을 옆으로 틀어
발을 무릎 안쪽으로 끌어올려 발날 부분으로 밀어 찬다
※ 발날과 등은 일직선을 이루어야 한다

뒤차기

몸을 공격 방향으로 180° 회전시킨 다음 앞에 있는 발을
들어 옆차기로 공격한다(뒤돌아 옆차기와 후려차기가 있다)

이단뛰어 앞차기

오른발로 공격할 경우 왼발을 들어 뛰며, 지면에 닿기 전
에 오른발을 목표물을 향하여 뻗어 찬다

이단뛰어 옆차기

오른발로 공격할 경우 왼발에 힘을 주어 힘껏 뛰며, 몸을
옆으로 틀어 왼발이 지면에 닿기 전에 오른발로 옆차기를
한다
※ 착지시 부상에 주의한다

이단뛰어 뒤차기

공중에서 360° 회전하여 옆차기를 하는 것으로 오른발을
공격할 경우 왼발에 힘을 주어 뛰어올라 공중에서 몸을 회
전시켜 오른발 옆차기를 한다
※ 착지시 부상에 주의한다

모둠발뛰어 앞차기
양 발을 모아 동시에 뛰어올라 공격한다(무릎을 약간 구부
리며 앞축으로 공격한다)

이단뛰어 앞돌려차기
양 발을 함께 붙어 뛰어올라 몸을 옆으로 틀어 오른발 앞
돌려차기를 한다
※ 왼발이 지면에 닿기 전에 공격해야 한다

제 5 장

품 세

●

품세는 많은 사람이 쉽게 배울 수 있고
익힐 수 있도록 연구한 형으로
동작 하나하나의 완급(빠르고 느림)과
강약(강함고 약함)이 잘 조화를 이루었고
동작의 절도와 율동이 합리화되어 있기 때문에
실전과 체력 발달 균형에 많은 도움을 준다.
태극 1장에서 태극 8장까지는
초보자에서부터 유단자에 이르기까지
누구나 알아 두어야 하며, 현재 태권도협회에서도
이 태극 품세를 제정하여 국내는 물론
세계 각국에서도 배울 수 있도록
권장, 보급하고 있다.

태극 1장

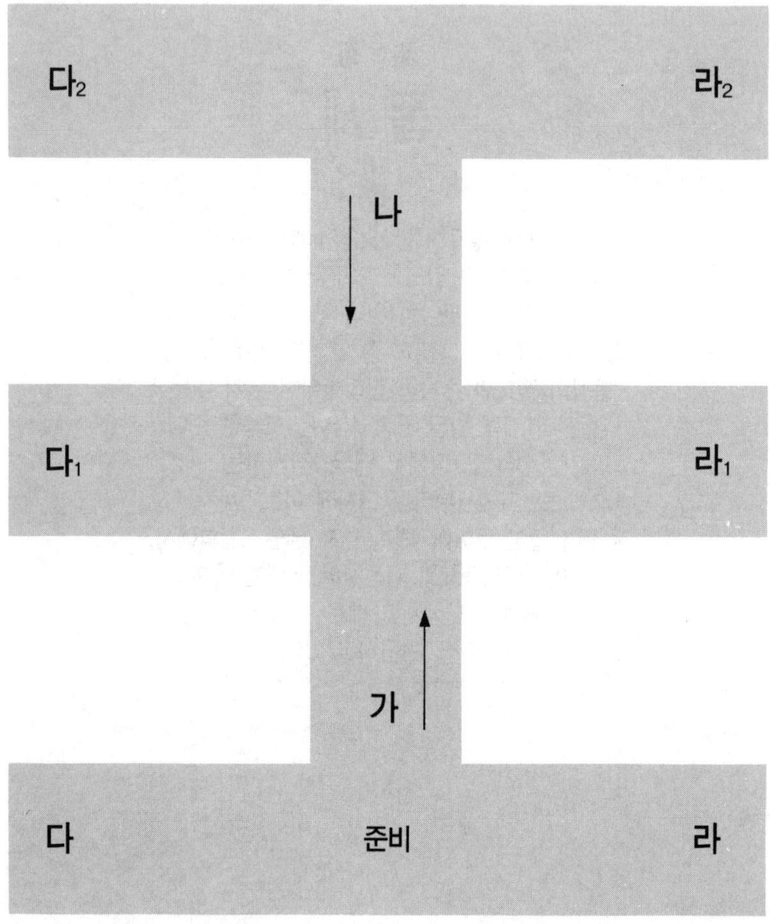

태극 1장은 초보자를 위한 기초 단계로서 서기·걷기 등의 기본 동작, 아래막기와 몸통막기, 얼굴막기, 앞차기 등은 태극 2장을 배우기 위한 연습 과정이다.

준비자세

1. 몸을 왼쪽 '다' 방향으로
돌려 왼앞서기 아래막기

2. 앞으로 나가며 오른앞
서기 몸통 반대지르기

3. 왼발 축으로 오른발을 '라' 방향으로 돌려 오른앞 서기 아래막기

4. 앞으로 나가며 왼앞서 기 몸통 반대지르기

5. 오른발 제자리, 왼발을 '가' 방향으로 나가 앞굽이 아래막기

6. 서기 그대로 몸통 바로지 르기
※ 5, 6 동작은 빠르게

7. 오른발을 '라' 방향으로 앞서기로 놓으며 몸통 안 막기

8. 왼발 한걸음 나가 앞서기
몸통 바로지르기

9.　오른발 축으로 왼발을
'다' 방향으로 왼앞서기 오
른바깥 몸통막기

10.　오른발 앞으로 한걸음
나가 오른앞서기 몸통 바
로지르기

11.　왼발 축으로 오른발을
'가' 방향에 앞굽이로 놓으
며 아래막기

12. 서기 그대로 빠르게 몸
통 바로지르기

13. 왼발을 '다₂' 방향으로
앞서기로 얼굴막기

14. 오른발 앞차고(14-1) 한걸음 나가며
서기로 몸통 반대지르기(14)

15. 왼발 축으로 오른발을
'라₂' 방향으로 오른앞서기
로 놓으며 얼굴막기

16. 왼발 앞차고(16-1) 왼발을 왼앞서기로
놓으며 몸통 반대지르기(16)

17. 오른발 축으로 왼발을 '나' 방향으로 왼앞
굽이로 놓으며 아래막기

18. 오른발 앞으로 나가며,
오른앞굽이 몸통 반대지르
기. "기합"

"그만"
오른발 축으로 왼쪽으로
돌아 준비서기

태극 2장

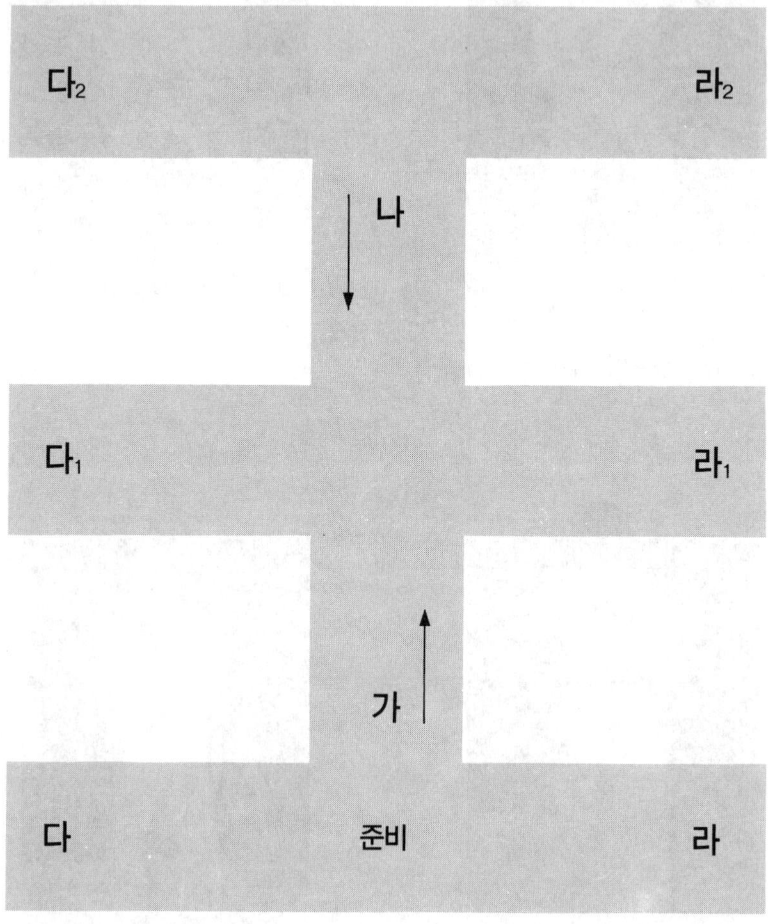

태극 2장은 부드러우면서 강한 뜻을 지닌 품세이다.

특히 앞차기와 지르기, 막기 등이 연속으로 구성되었기 때문에 강약에 주의하여 품세의 생명력을 살려야 한다.

준비서기

1. 왼발을 '다' 방향으로
옮겨 왼앞서기 아래막기

2. 오른발 '다' 방향으로 오
른앞굽이 몸통 반대지르기

3. 왼발 축으로 오른발을
'라' 방향으로 앞서기로 서
며 아래막기

4. 앞으로 나가며 오른앞
굽이로 몸통 반대지르기

5. 오른발 제자리. 왼발 '가' 방향으로 왼앞서기 몸통 안막기

6. 방향 그대로 오른발 앞서기로 나가며 왼손 안막기

7. 왼발을 '다' 방향으로 왼앞서기 아래막기

8. 오른발 앞차고(8-1), 한걸음 나가 오른앞굽이 얼굴 반대지르기(8)

9. 왼발 축으로 오른발을 '라₁' 방향으로 오른앞서기로 놓으며 아래막기

10. 왼발 앞차고(10-1), 왼앞굽이로 놓으며 얼굴 반대지르기(10)

11. 오른발 축으로 왼발을 '가' 방향으로 왼앞서기로 놓으며 얼굴막기

12. 방향 그대로 오른발 나가며 앞서기 얼굴막기

13. 오른발 제자리. 왼발을 왼쪽으로 돌려 '라₂' 방향에 앞서기로 놓으며 오른손 몸통 안막기

14. 서기 그대로 몸을 오른쪽 '다₂' 방향으로 돌려 오른앞서기 왼손 몸통 안막기

15. 오른발 제자리. 왼발을 '나' 방향으로 앞서기(15-1 참조) 아래막기

16. 방향 그대로 오른발 앞차고(16-1), 오른앞서기로 서며 빠
르게 몸통 반대지르기

17. 방향 그대로 왼발 앞차고(17-1), 왼앞서기로 서며 빠르게
몸통 반대지르기

18. 방향 그대로 오른발 앞차고 오른앞서기로 서며, 몸통 반대
지르기
※ 빠르게 "기합"

"그만"
오른발 그대로 왼발을 왼쪽
으로 돌려 준비서기

태극 3장

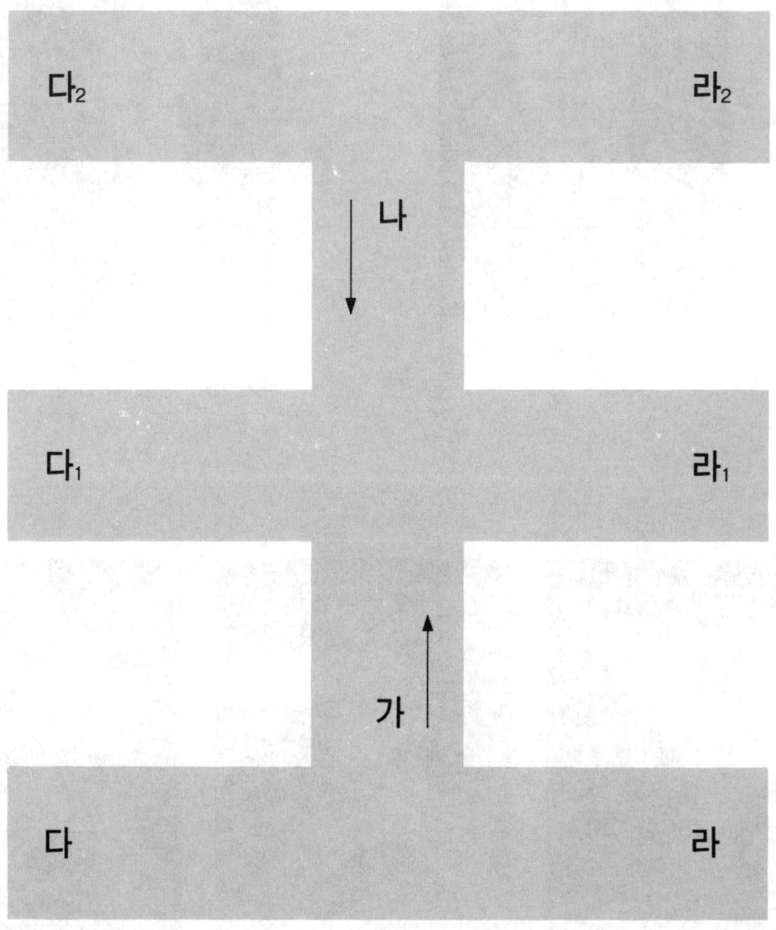

   태극 3장은 민첩성을 길러 주는 과정으로 손날목치기는 제비품목치기의 기본동작으로, 태극 4장의 기본자세이기도 하다.
   특히, 아래막고 앞차고 지르는 동작은 빠르고 정확성이 있어야 한다.

준비서기

1. 몸을 왼쪽으로 돌려 왼 앞서기('다' 방향) 아래막기

2. 방향 그대로 오른발 앞차고(2-1), 오른앞굽이로 몸통 반대 지르고(2-2), 빠르게 왼손 몸통지르기(2)

3. 왼발 축으로 오른발을
오른쪽 '라' 방향으로 돌려
오른앞서기로 아래막기

4. 방향 그대로 왼발 앞차고(4-1) 왼앞굽이로 서며 왼손 몸통
지르고(4-2) 빠르게 오른 주먹 몸통지르기(4)

5. 오른발 축으로 왼발을
'가' 방향으로 왼앞서기로
서며 오른 손날 목치기

6. 방향 그대로 오른발 앞
서기로 나가며 왼 손날 목
치기

7. 오른발 제자리, 왼발을
'다$_1$' 방향으로 오른뒷굽이
로 서며 왼 한손날 몸통 바
깥막기

8. 오른발 서기 그대로 왼
앞굽이로 고치며 오른 주
먹 몸통지르기

9. 서기 그대로 왼뒷굽이
로 고쳐 서며 오른 한손날
바깥막기

10. 서기 그대로 오른앞굽
이로 고쳐 서며 왼주먹 몸
통지르기

11. 오른발 제자리, 왼발
'가' 방향에 앞서기로 놓으
며 오른팔목 몸통 안막기

12. 방향 그대로 오른발
한걸음 나가 앞서기로 서
며 왼팔목 몸통막기

13. 오른발 축으로 몸을 왼
쪽으로 돌려 '라$_2$' 방향으로
왼앞서기로 서며 아래막기

14. 방향 그대로 오른발 앞차고(14-1) 오른앞굽이로 서며 오른
주먹 몸통지르고(14-2) 빠르게 이어서 왼주먹 몸통지르기(14)

15. 왼발 축으로 오른발을
오른쪽으로 돌려('다₂' 방향)
앞서기로 서며 아래막기

16. 방향 그대로 왼발 앞차고(16-1) 왼앞굽이로 서며 왼주먹
몸통지르고(16-2) 이어서 빠르게 오른주먹 몸통지르기(16)

17. 오른발 축으로 왼발을 '나' 방향으로 앞서기로 서며 아래막
기(17-1). 이어서 빠르게 오른주먹 몸통지르기

18. 방향 그대로 오른발 앞서기로 나가며 오른주먹 아래막기
(18-1). 이어서 빠르게 왼주먹 몸통지르기

19. 방향 그대로 왼발 앞차고(19-1)

왼앞서기로 서며 왼주먹 아래막기(19-2). 이어서 빠르게 오른
주먹 몸통지르기

20. 방향 그대로 오른발 앞차고(20-1) 앞서기로 서며 아래 막
고(20-2) 빠르게 왼주먹 바로지르기. "기합"과 동시에 빠르게

"그만"
왼발 끌어 뒤돌아 준비서
기

태극 4장

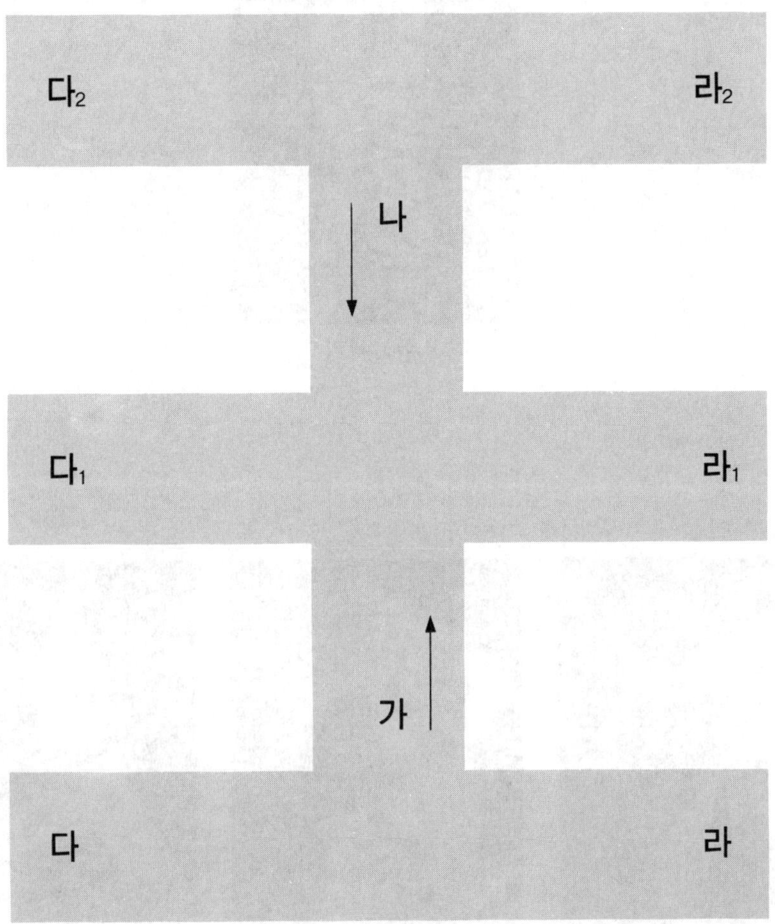

태극 4장은 손날막기, 찌르기, 제비품목치기 등으로 시작하여
발차기 중 가장 중요한 옆차기의 연속 동작이 포함되어 있다.
이 동작은 몸의 중심에 유의해야 한다.

준비서기

1. 몸 왼쪽으로 돌려('다' 방향) 오른뒷굽이로 손날 몸통 막기

2. 오른발 나가며 왼손을 약간 눌러 막고(2-1), 오른편 손끝찌르기(빠르게)

3. 왼발 그대로 오른발을 '라' 방향으로 옮겨 왼뒷굽이로 손날 몸통막기

4. 오른손 약간 눌러 막으며(4-1), 왼발 한걸음 나가 앞굽이로 빠르게 왼편손끝찌르기(빠르게)

5. 오른발 축으로 왼발을 '가' 방향 앞굽이로 서며 제비품 목치기

6. 앞으로 나가며 오른발 앞차고(6-1), 앞굽이로 서며 몸통 바로지르기

7. '가' 방향 그대로 왼발 옆차고

8. 방향 그대로 7동작에 이어서 오른발 옆차기(8-1)를 한 다음 왼뒷굽이로 서며 손날 몸통막기

9. 오른발 축으로 왼발을 '라' 방향에 오른뒷굽이로 놓으며 왼 주먹 바깥막기

10. 서기 제자리에서 왼발 앞차고(10-1), 뒤에 놓으며 오른뒷굽이로 오른 팔목 안막기

11. 제자리에서 몸을 오른
쪽 '다$_2$' 방향으로 돌려 왼뒷
굽이로 서며 오른 팔목 몸통
바깥막기

12. 서기 제자리에서 왼발 앞차고(12-1), 뒤
로 놓으며 왼뒷굽이로 왼팔목 몸통 안막기

13. 오른발 제자리. 왼발을
'나' 방향으로 앞굽이로 놓
으며 제비품 목치기

14. 방향 그대로 오른발 앞차고(14-1), 앞굽이로 놓으며 오른
주먹 얼굴치기

15. 오른발 제자리, 왼발을 '라₁' 방향에 앞서기로 서며 왼손 몸통 안막기

16. 서기 그대로 제자리에서 오른 주먹 몸통지르기

17. 두 발 제자리. 몸을 오른쪽 '다₁' 방향으로 돌려 오른앞서기로 오른손 몸통 막기

18. 서기 그대로 제자리에
서 왼주먹 몸통지르기

19. 오른발 제자리, 왼발을 '나' 방향으로 놓으며 왼앞굽이로 왼
팔목 몸통 안막기 하고(19-1), 이어서 빠르게 오른주먹 지르기
(19-3)를 한 다음 빠르게 왼주먹 몸통지르기

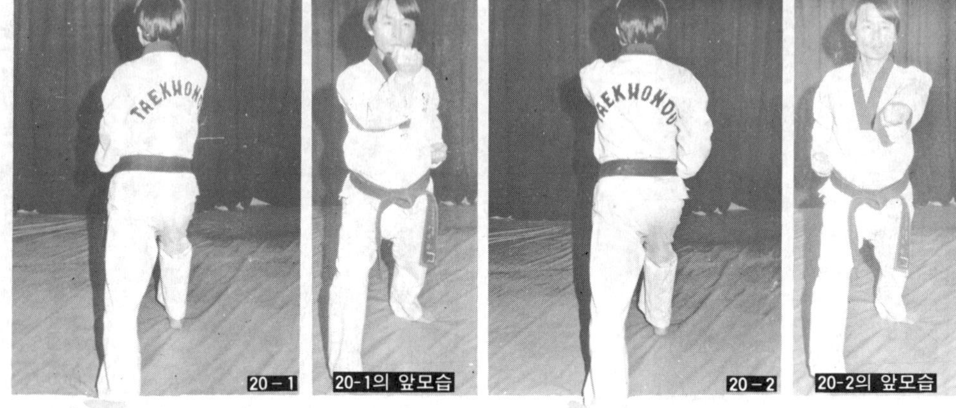

20. 방향 그대로 오른발 한걸음 나가 오른앞굽이로 오른팔목
몸통막기 하고(20-1), 이어서 빠르게 왼주먹(20-2), 오른주먹
(20) 몸통지르기. "기합"

"그만"
왼발 들어 뒤돌아 준비서
기

태극 5장

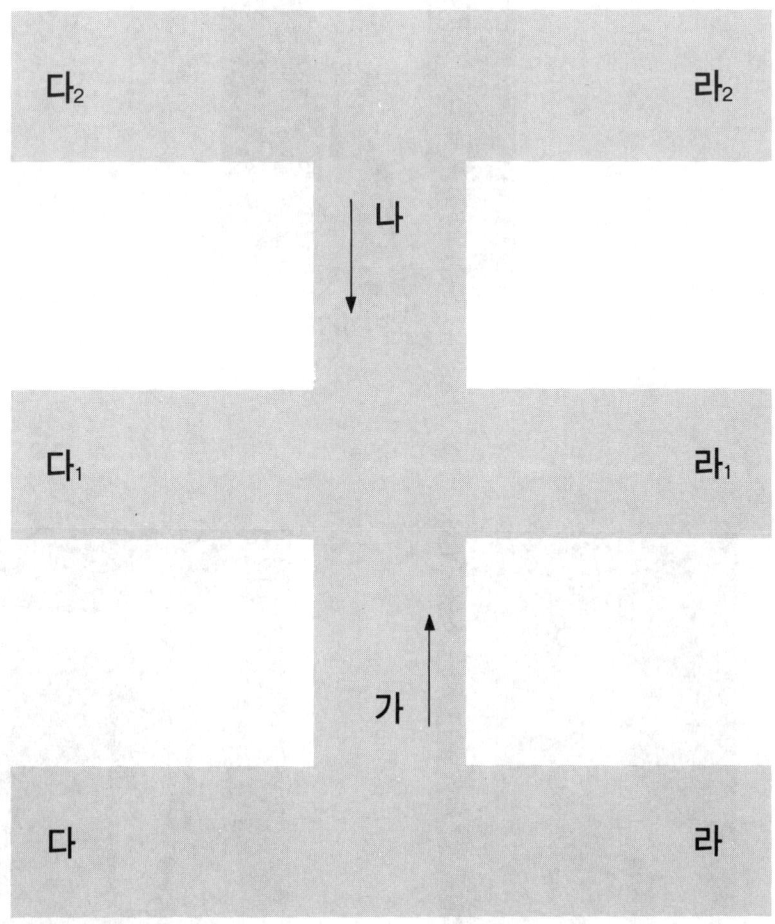

태극 5장의 자세는 앞굽이, 뒷굽이, 꼬아서기 등의 단조로운 듯하면서 강한 위세를 지닌 자세를 중점으로 구성했다.

특히, 메주먹치기는 품세(1~8) 중에 5장에만 있는 특수 동작이다.

준비서기

1. 몸을 왼쪽 '다' 방향으로 돌려 왼발이 나가며 앞굽이로 아래막기

2. 왼발 잡아당겨 왼편히 서기로 서며 메주먹때리기
※ 얼굴을 감아서 머리 위에서 때린다

3. 몸을 오른쪽으로 돌려 ('라' 방향), 오른발 앞굽이 로 아래막기

4. 제자리에서 오른손을 얼굴에서 감아 메주먹때리 기(빠르게)

5. 오른발 제자리. 왼발이 '가' 방향으로 앞굽 이로 나가며 몸통 안막기(왼·오른 팔목)

6. 같은 방향으로 오른발 앞차고(6-1), 오른앞굽이로 서며 오
른손 등주먹 얼굴치기(6-2). 이어서 빠르게 왼주먹 팔목 안막
기(빠르게)

7. 같은 방향으로 왼발 앞차고(7-1), 왼앞굽이로 서며, 왼손 등
주먹 얼굴치고(7-2), 오른팔목 안막기(빠르게)

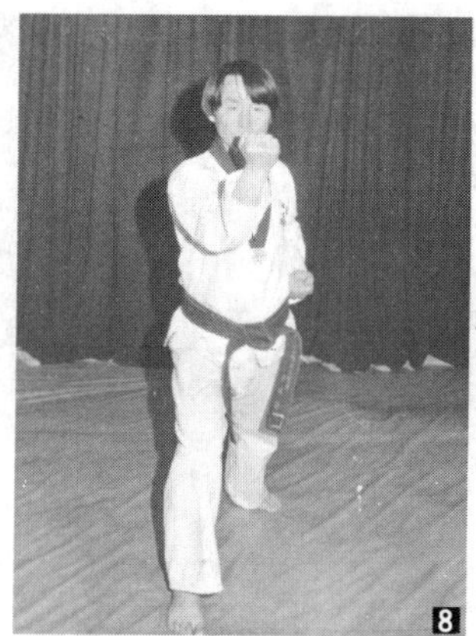

8. 같은 방향으로 오른발
한걸음 나가며 오른앞굽이
로 등주먹 얼굴치기

9. 오른발 축으로 몸을 왼
쪽으로 돌려, 왼뒷굽이로 서
며 왼한손날 몸통 바깥막기

10. 같은 방향으로 오른발
한걸음 나가 앞굽이로 서
며, 팔굽 몸통치기

11. 왼발 그대로 오른발을
오른쪽으로 돌려('다₂' 방향)
한손날 몸통 바깥막기

12. 같은 방향으로 왼발
한걸음 나가 왼앞굽이로
서며 왼팔굽 몸통치기

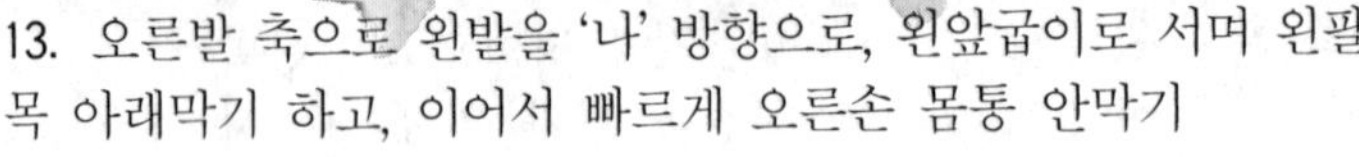

13. 오른발 축으로 왼발을 '나' 방향으로, 왼앞굽이로 서며 왼팔
목 아래막기 하고, 이어서 빠르게 오른손 몸통 안막기

14. 오른발 같은 방향('나')으로 앞차고(14-1), 오른발 앞굽이로 놓으며 오른손 아래 막고 이어서 빠르게 왼몸통 안막기

15. 오른발 제자리, 왼발을 '라₁' 방향으로 왼앞굽이로 놓으며 얼굴막기

16. 같은 방향으로 오른발 옆차고(16-1), 한 발 내딛어 오른앞굽이로 왼팔굽 표적치기

17. 왼발 축으로 오른발을 오른쪽 '다₁' 방향으로 돌려 오른앞굽이로 얼굴막기

18. 왼발 옆차기(18-1) 하며 한걸음 나가 왼앞굽이로 서며 오른 팔굽 표적치기

19. 오른발 축으로 왼발을 왼쪽으로 돌려('나' 방향) 왼앞굽이로
아래막기(19-1) 하고 빠르게 이어서 오른팔목 몸통 안막기

20. 방향 그대로 오른발 앞차기 하고(20-1) 뛰어나가 오른발
꼬아서기로 오른등주먹 얼굴치기(빠르게). "기합"

"그만"
왼쪽으로 왼발을 돌려 준비서기

태극 6장

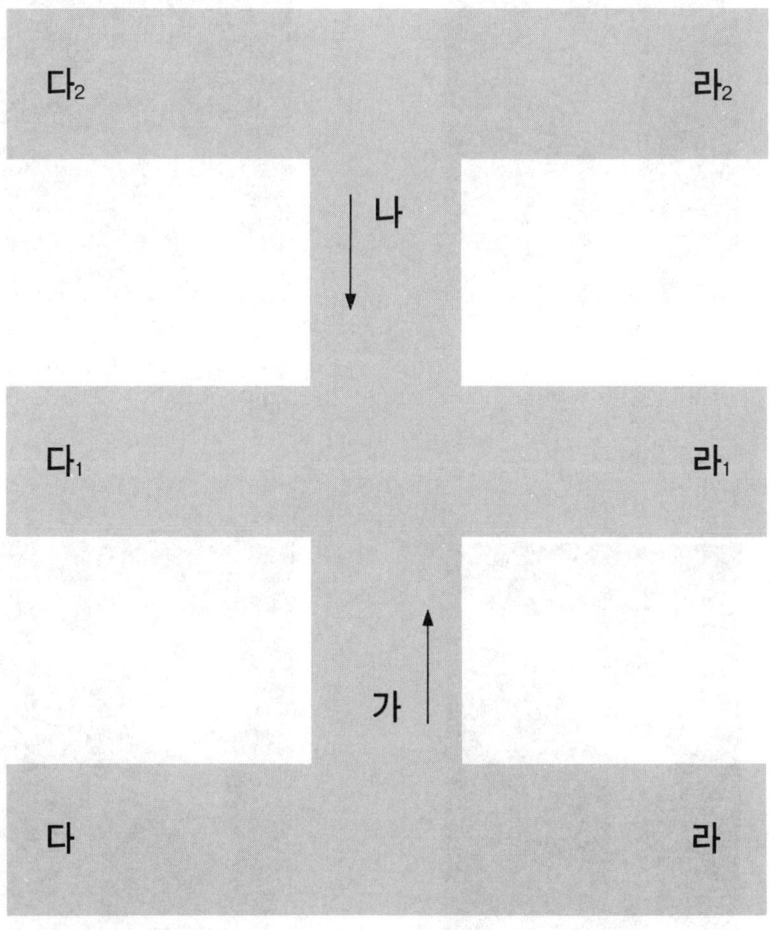

태극 6장은 유연한 동작으로 연결되어 있으며, 특히 돌려차기를 사용하여 품세를 구성했다. 돌려차기는 몸 옆에서 완전히 몸을 돌려 차는 동작이다.

준비서기

1. 몸을 왼쪽('다' 방향)으로 돌려 왼앞굽이로 서며 아래막기

2. 왼발 그대로 오른발 앞차기 하고(2-1), 발을 뒤로 빼어 오른뒷굽이로 왼팔목 바깥막기

3. 왼발 제자리. 몸을 오른 쪽 '라' 방향으로 돌려 오른앞굽이로 아래막기

4. 같은 방향으로 왼발 앞차기 하고 뒤로 빼어 왼발 뒷굽이로 오른팔목 바깥막기

5. 오른발 제자리, 왼발이 '가' 방향으로 왼앞굽이로 나가며, 오른한손날 얼굴 바깥막기

6. 오른발 앞돌려차기 하고,

7. 돌려차기 한 발을 앞에 딛고 왼발 '다$_1$' 방
향으로 왼앞굽이로 서며 얼굴막기, 이어서 빠
르게 몸통 바로지르기

8. 오른발 앞차기 하고(8-1), 내딛어 오른앞
굽이로 몸통 바로지르기(빠르게)

9. 왼발 축 몸을 오른쪽('라₁')으로 돌려 오른
앞굽이로 서며 오른팔목 얼굴막기 하고 몸통
바로지르기(빠르게)

10. 방향 그대로 왼발 앞차고(10-1) 내딛어,
왼앞굽이로 서며 몸통 바로지르기

11. 오른발 축으로 왼발을 들어 나란히 서기
로 놓고 양 주먹을 얼굴 위에서부터(11-1)
서서히 힘주어 두 팔을 양 옆으로 벌린다

12. 왼발 제자리, 오른발
앞으로 나가 앞굽이로 서
며 왼손날 얼굴 바깥막기

13. 오른발 제자리, 왼발
돌려차기. "기합"

14. 돌려차기 한 발을 앞에
놓고 오른발을 '다₂' 방향에
앞굽이로 놓으며 아래막기
(빠르게)

15. 왼발 앞차기 하고(15-1), 제자리에 놓으며 왼뒷굽이로 서
며 오른팔목 바깥막기

16. 오른발 제자리, 왼발을 '라₂' 방향으로 앞굽이로 놓으며 아래막기(빠르게)

17. 왼발 제자리. 오른발 앞차기 하고(17-1), 뒤로 놓으며 오른뒷굽이로 왼팔목 몸통 바깥 막기

18. 왼발 그대로 오른발을 '나' 방향으로 옮겨 뒷굽이로 손날 몸통막기

19. 오른발 제자리. 왼발을 같은 방향으로 나가며(후진), 왼뒷굽이로 손날 몸통

20. 같은 방향으로 오른발
한걸음 물러서며 왼앞굽이
로 바탕손 몸통막기

21. 서기 그대로 몸통 바로
지르고
※ 20, 21 동작은 빠르게

22. 오른발 제자리. 왼발
뒤로 한걸음 물러서며 오
른앞굽이로 오른바탕손 몸
통막기

23. 서기 그대로 몸통 바
로지르기
※ 22, 23 동작은 빠르게

"그만"
앞발 뒤로 끌어 준비서기

태극 7장

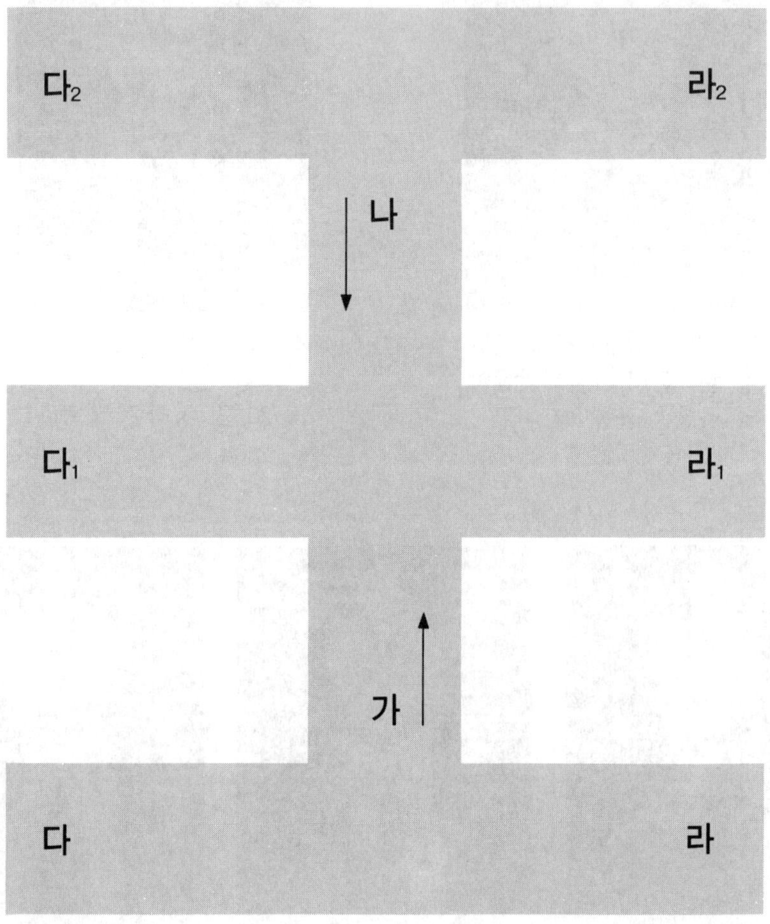

　태극 7장은 절도 있는 동작을 가장 중요하게 나타내는 품세
이다.
　특히 범서기, 제쳐지르기, 보주먹, 가위막기, 헤쳐막기, 무릎치
기 등 다양한 기술로 연결되어 있으므로 강한 힘과 절도 있는
기술을 익혀야 한다.

준비서기

1. 몸을 '다' 방향으로 돌려
왼범서기로 서며 오른바탕
손 몸통막기

2. 제자리에서 오른발 앞차기 하고(2-1), 뒤
로 빼어 왼범서기로 서며 왼팔목 몸통 안막기

3. 두 발 제자리. 몸을 '라'
방향으로 돌려 오른범서기
로 왼바탕손 몸통막기

4. 같은 방향으로 왼발 앞차고 뒤로 놓으며
오른범서기로 오른손 몸통 안막기

5. 오른발 제자리. 왼발을
'가' 방향으로 오른뒷굽이
로 서며 손날 아래막기

6. 같은 방향으로 오른발
한걸음 나가 왼뒷굽이로
서며 손날 아래막기

7. 오른발 제자리. 왼발을 '다₁' 방향으로 왼범서기로 서며 오른바탕손 몸통막기

8. 서기 제자리에서 당겨서(8-1), 주먹으로 얼굴치기

9. 서기 제자리에서 몸을 '라₁' 방향으로 돌려 오른범서기로 왼바탕손 몸통막기

10. 왼손을 당겨(10-1) 주먹으로 얼굴치기

11. 오른발 제자리, 왼발을 오른발에 붙여 '가' 방향으로 모아서기 보주먹

12. 왼발이 앞굽이로 한걸음 나가며 왼가위막기(12-1), 이어서 오른가위막기(제자리에서 빠르게)

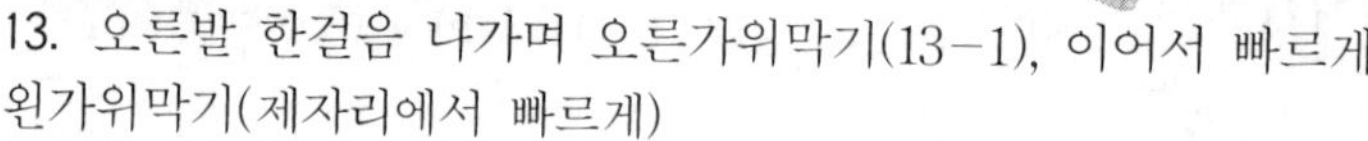

13. 오른발 한걸음 나가며 오른가위막기(13-1), 이어서 빠르게 왼가위막기(제자리에서 빠르게)

14. 오른발을 축으로 왼발을 '라₂' 방향으로 돌려 왼앞굽이로 몸통 헤쳐막기

15. 제자리에서 오른무릎치기(15-1) 하고, 한 발 뛰어나가 오른꼬아서기로 제쳐지르기 (빠르게)

16. 오른발 제자리. 왼발을 뒤로 빼어 오른앞굽이로(16-1) 서며 엇걸어 아래막기

17. 왼발 제자리에 오른발 ″
을 '다₂' 방향으로 옮겨 오
른앞굽이로 양손 헤쳐막기

18. 오른발 제자리. 왼무릎치기(18-1) 하고,
한걸음 뛰어나가 제쳐지르기

19. 제자리에서 오른발 뒤
로 빼어 왼앞굽이로 엇걸
어 아래막기(빠르게)

20. 오른발 제자리. 왼발을 '나' 방향으로 왼
편히서기로 등주먹 얼굴때리기

21. 오른발을 들어 표적치기(21-1) 하고, 오른발을 '나' 방향에
주춤서기로 놓으며 팔꿈치로 표적치기

22. 왼발 제자리. 오른발을
약간 끌어 오른편히서기로
서며 등주먹 얼굴때리기

23. 왼발을 들어 표적치기 하고, 왼발을 같은
방향에 주춤서기로 놓으며 왼팔굽 표적치기

24. 서기 그대로 왼한손날
몸통막기

25. 오른발 같은 방향으로 나가며 왼
주먹 주춤옆지르기(빠르게) "기합"

"그만"
왼발 끌어 준비서기

태극 8장

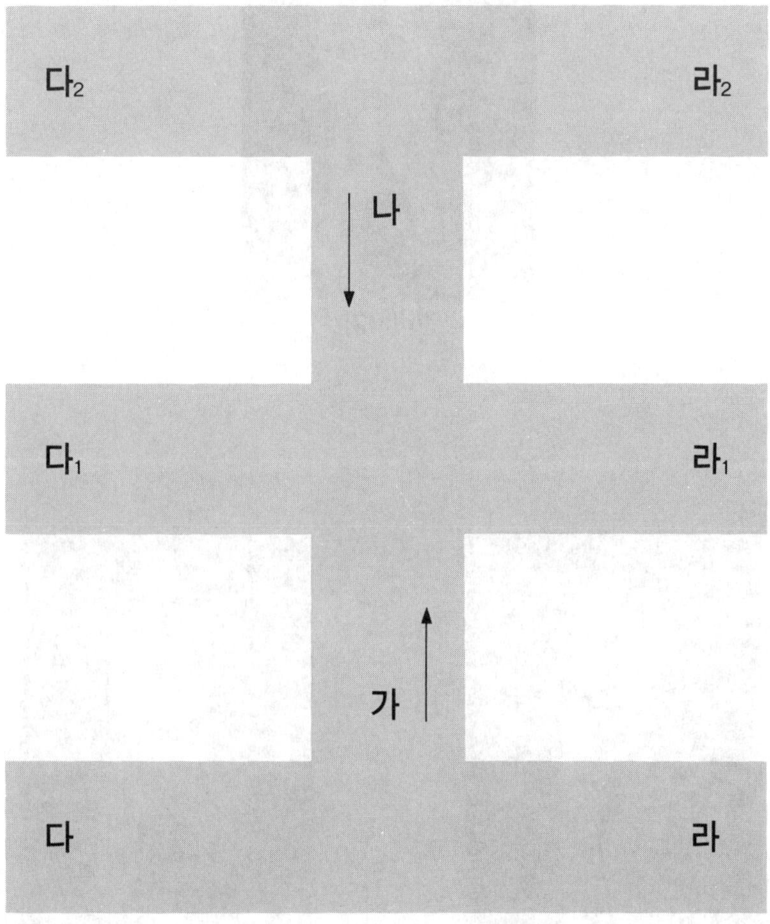

태극 8장은 유급자의 마지막 품세로서 유단자로 이어지는 품
세이다. 외산틀막기와 꼬아서기 등을 제외하면 모두 복습 동작
으로 되어 있다. 그 동작에 나오는 두발당성(2단 앞차기)은 많은
연습으로 정확성 및 동작 뒤의 자세에 주의해야 한다.

준비서기

1. 왼발 '가' 방향으로 오른뒷굽이로 나가며 거들어 몸통막기(1
-1), 이어서 빠르게 왼앞굽이로 고치며 몸통 바로지르기

2. 앞으로 뛰어 왼발 두발당성치기 하며(2-1), "기합"을 넣고
왼앞굽이로 서며 왼팔목 몸통 안막기(2-2) 하고

 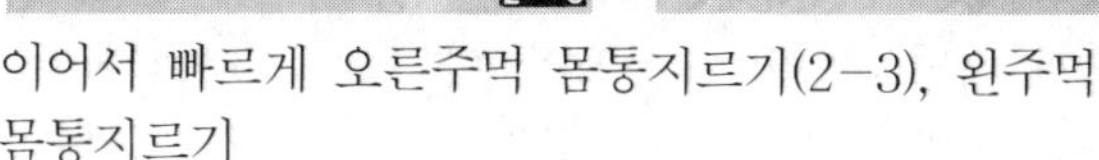 

이어서 빠르게 오른주먹 몸통지르기(2-3), 왼주먹
몸통지르기

3. 한걸음 나가 오른앞굽
이로 몸통 반대지르기

4. 오른발 제자리. 왼발을 '라$_2$' 방향으로 오른앞굽이로 서며 외산틀막기

5. 서기 그대로 왼앞굽이로 고치며 오른 주먹 당겨 턱치기(천천히 힘주어)

6. 왼발을 오른발 앞으로 꼬아 서며 빠르게 오른발이 '다$_2$' 방향으로 나가며 왼앞굽이로 외산틀막기. 시선 '다$_2$' 방향

7. 제자리에서 오른앞굽이로 고쳐 서며 왼 주먹 당겨 턱치기(서서히 힘주어, '다₂' 방향)

8. 왼발 제자리. 오른발을 '나' 방향 앞으로 돌아 오른 뒷굽이로 손날 몸통막기

9. 서기 제자리에서 왼발 조금 나가 앞굽이로 서며 몸통 바로지르기

10. 오른발 앞차고(10-1), 뒤로 조금 나가 서며 빠르게(10-2) 왼발 뒤로 빼어 오른 바탕손 몸통막기(범서기)

11. 오른발 제자리, 왼발을 '다₁' 방향으로 옮겨 왼범서 기로 손날 몸통막기

12. 오른발 제자리. 왼발 앞차기(12-1) 하고 왼 앞굽이로 앞에 놓으며 몸통 바로지르기

13. 오른발 제자리, 왼발을 끌어 왼범서기로 서며 왼바 탕손 몸통막기
※ 12, 13 동작은 빠르게

14. 제자리에서 '라₁' 방향 으로 몸을 돌려 오른범서기 로 손날 몸통막기

15. 왼발 제자리. 오른발 앞차기(15-1) 하고 오른앞굽이로 앞
에 놓으며 몸통 바로지르기

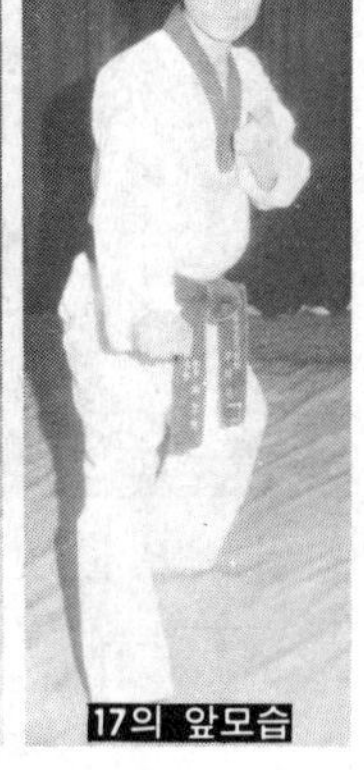

16. 왼발 제자리. 오른발을
끌어 범서기로 서며 바탕
손 몸통막기

※ 15, 16 동작은 빠르게

17. 왼발 제자리, 오른발을 '나' 방향으
로 옮겨 왼뒷굽이로 서며 거들어 아래
막기

18-1　18-1의 앞모습

18-2

18-2의 앞모습

18. 오른발 제자리. 왼발을 앞차고 땅에 놓기
전에 오른발 뛰어 앞차고, "기합"

한 발 디딛어 오른앞굽이로 오른손 몸
통 안막기 하고

빠르게 이어서 왼손·오른손 몸통지르기

19. 오른발 제자리, 왼발을 '다' 방향에 오른뒷굽이로 놓으며 한손날 몸통 바깥막 기

20. 왼발 앞으로 조금 나가 앞굽이로 서며 오른팔꿈치 로 얼굴 돌려차기(빠르게)

21. 서기 그대로 오른주먹으로 얼굴치기(21 − 1) 하고 빠르게 몸통 반대지르기

22. 왼발 제자리. 오른발을
'라' 방향으로 돌려 왼뒷굽
이로 서며 한손날 몸통 바
깥막기

23. 오른발 앞으로 조금
나가 앞굽이로 서며 왼팔
꿈치로 얼굴치기

24. 서기 그대로 왼등주먹 얼굴치기(24-1)
하고 빠르게 몸통 반대지르기

"그만"
왼발 끌어 준비서기

고 려

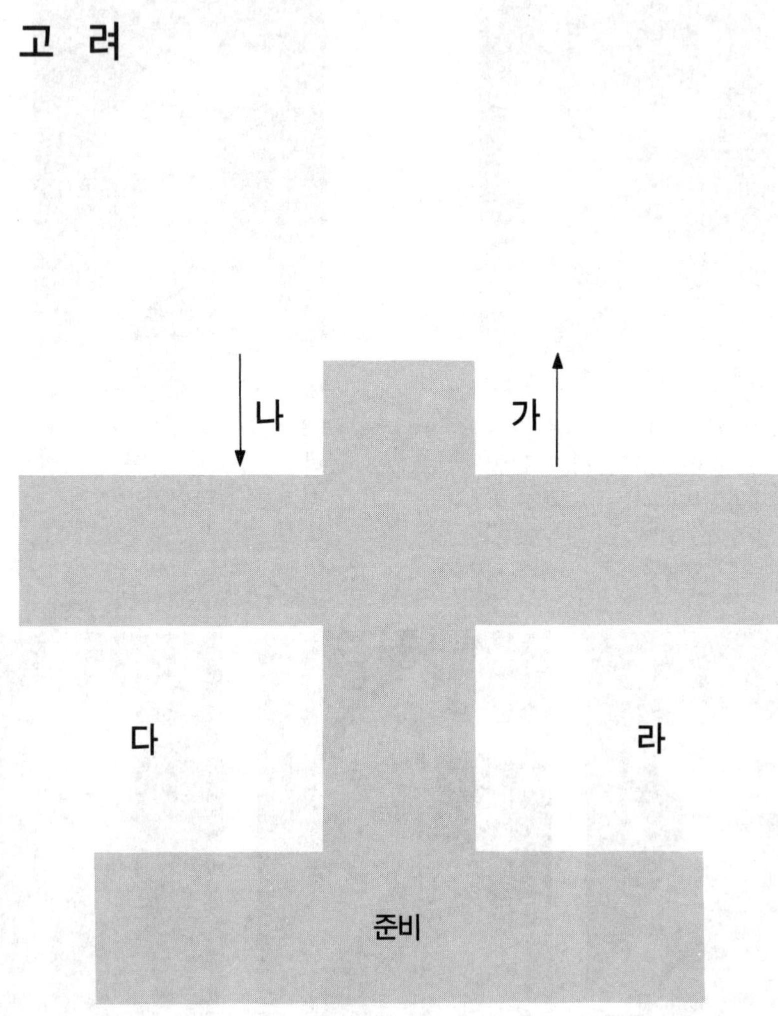

　고려 품세는 유구한 역사와 전통을 자랑하는 고려인의 기개를 뜻한다. 연무선은 '士'자형으로 이루어지며 절도와 완만성이 중요한 품세이다.

준비서기
큰 통나무를 끌어올리 듯
이 서서히 힘주어 얼굴 앞
에 고정시킨다(통밀기)

1. 왼발을 '다' 방향으로 옮
겨 오른뒷굽이로 서며 손
날 몸통막기

2. 오른발을 '다' 방향으로 향하여 아래 옆차고(2-1), 이어서
옆차기(2-2) 한 다음 내딛어 오른엎은 손날 목치기

3. 서기 그대로 왼주먹 몸통 바로지르기

4. 왼발 제자리. 오른발을 끌어 오른뒷굽이로 서며 몸통막기

5. 왼발 축으로 오른발을 들어 '다' 방향으로 왼뒷굽이로 손날 몸통막기

6. 왼발을 '라' 방향으로 아래 옆차기(6-1) 하고, 이어서 옆차기(6-2) 한 다음 왼앞굽이로 서며 왼옆은 손날 목치기

7. 서기 그대로 몸통 바로 지르기

8. 오른발 그대로 왼발 끌 어 뒷굽이로 서며 왼몸통 막기

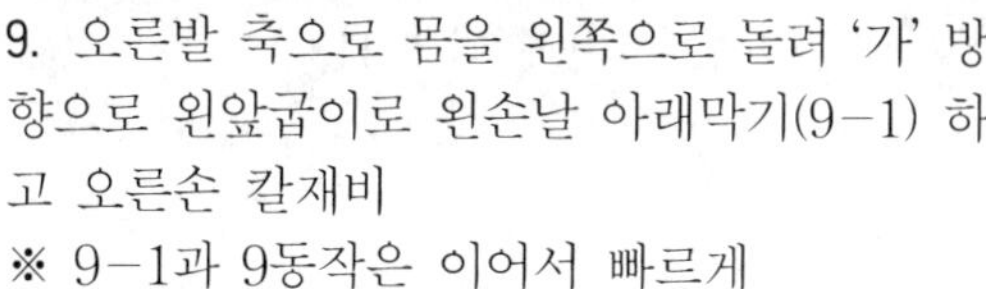

9. 오른발 축으로 몸을 왼쪽으로 돌려 '가' 방 향으로 왼앞굽이로 왼손날 아래막기(9-1) 하 고 오른손 칼재비
※ 9-1과 9동작은 이어서 빠르게

10. 오른발 앞차고(10-1), 오른앞굽이로 내딛어 손날 아래 막고(10-2), 빠르게 왼손 칼재비

11. 왼발 앞차고(11-1), 왼앞굽이로 내딛어 손날 아래 막고(11-2), 빠르게 오른손 칼재비

12. 오른발 앞차고 내딛어 오른앞굽이로 왼손은 누르며 오른손
은 끌어올린다

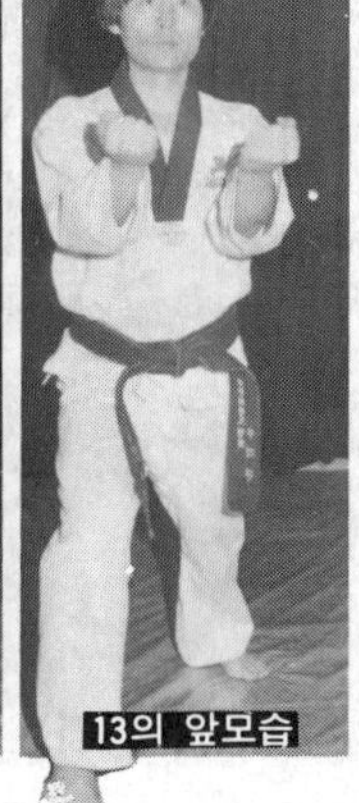

13. 오른발 축으로 한걸음
나가 '나' 방향으로 오른앞
굽이로 양 주먹 헤쳐막기

14. 왼발 앞차고(14-1), 왼앞굽이로 서며 오른손을 누르며 왼
손은 끌어올린다(14 동작 앞 모습 참조)

15. 서기 제자리. 왼발 끌어 앞서기로 서며
양 주먹 헤쳐막기

16. 왼발 축으로 오른쪽으로 돌아 '다' 방향으로 주춤서기로 왼 한손날 몸통 막기

17. 서기 그대로 오른손 주먹 표적치기

18. 왼발 서기 그대로 오른발이 왼발 앞으로 나가 꼬아 서며(17 −1) 왼발 옆차고(17−2), '라' 방향으로 바꾸어 오른앞굽이로 편 손끝찌르기

19. 왼발 서기 그대로 오른
발을 끌어 앞서기로 오른
손 아래막기

20. 왼발 한걸음 나가 왼손 몸통 막고(20-1),
오른발을 '라' 방향으로 주춤서기로 서며 팔
굽치기

21. 서기 그대로 오른한손
날 몸통막기

22. 서기 그대로 왼주먹
표적치기

23. 왼발을 오른발 앞으로 나가 꼬아 서며(23-1), 오른발 옆차
고(23-1), '다' 방향으로 왼앞굽이로 서며 왼편손끝찌르기

24. 서기 그대로 왼발 끌
어 앞서기로 서며 왼손 아
래막기

25. 오른발 앞으로 나가 앞서기로 오른 손바
닥(25-1) 몸통 막고 왼발이 나가 주춤서기로
서며 왼손 팔굽치기

140

27. 오른발 축으로 몸을 '나' 방향으로 왼앞굽이로 서며, 왼손날
목치기. 서기 그대로 왼손날 아래막기(27-1과 27 동작은 빠르게
연결시킨다)

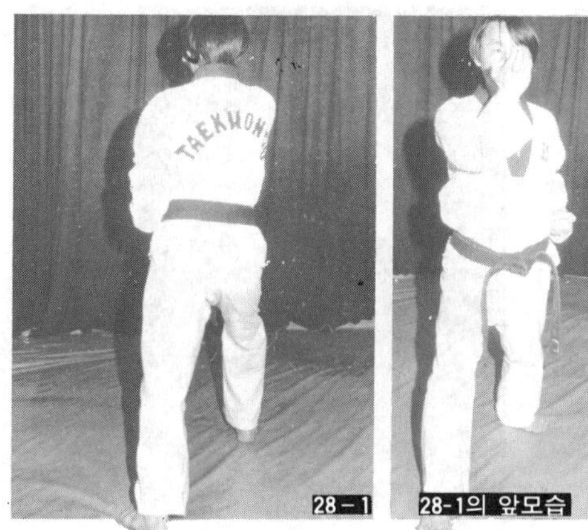

28-1. 방향 그대로 오른앞굽이로 나가며 오
른손날 목치기

28. 서기 그대로 오른손날 아래막기(28-1과
28의 동작은 빠르게 연결시킨다)

29. 왼발 한걸음 왼앞굽이로 나가며 왼손날
목치기 한 다음, 이어서 빠르게 왼손날 아래
막기. 빠르게 연결시킨다

30. 방향 그대로 오른앞굽이로 나가며 오른
손 칼재비 "기합"

"그만"
오른발 축으로 몸을 왼쪽
으로 돌려 '가' 방향으로 서
며 준비서기

금 강

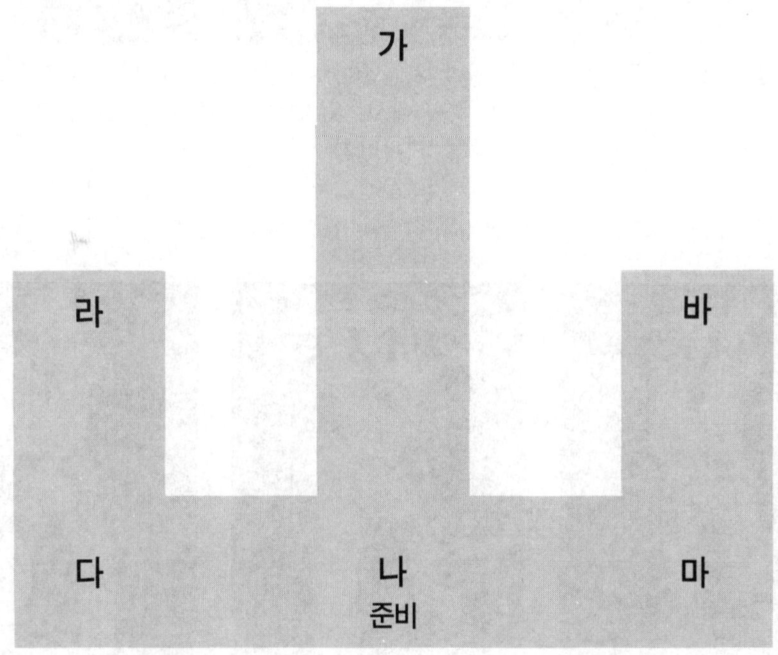

금강 품세의 연무선은 '山'자형으로 이루어졌다.
산은 탄탄한 기반으로 이루어졌으므로 강도와 절도를 나타내며
산틀막기, 바탕손턱치기 등을 많이 응용한 품세이다(1~2단).

준비서기(편히서기)

1. 왼발 왼앞굽이로 '가' 방향으로 나가며 양손을 가슴에서 'X'자로 교체하여(1-1) 안팔목 몸통 헤쳐막기

2. 방향 그대로 오른앞굽이로 한걸음 나가며 오른바탕손 턱치기

3. 방향 그대로 왼앞굽이로 나가며 왼바탕손 턱치기

4. 오른발 방향 그대로 한걸음 나가며 오른바탕손 턱치기

5. 오른발 '나' 방향으로 한 걸음 물러서며 오른뒷굽이로 왼한손날 몸통 안막기

6. 같은 방향으로 왼발 한 걸음 물러나 왼뒷굽이로 오른한손날 몸통막기

7. 방향 그대로 오른발 한 걸음 나가며 오른뒷굽이로 왼한손날 몸통막기

8. 오른발 제자리, 왼발을 들어 오른학다리로 서며 금강막기(8-1). 동작은 서서히 힘주어 한다. 시선 '다' 방향

9. 시선 그대로 왼발을 '다' 방향으로 주춤서기로 서며 왼큰돌쩌귀

10. 오른발을 왼발 앞으로 나가며(10-1), 왼편으로 360° 돌아 주춤서기로 내딛어 왼큰돌쩌귀(빨리)

 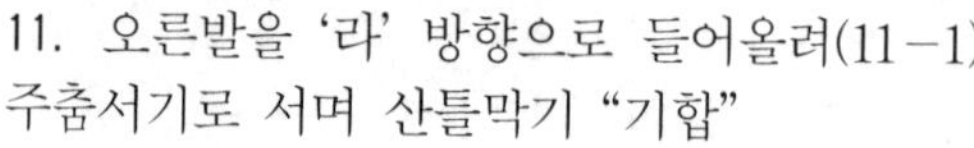 

11. 오른발을 '라' 방향으로 들어올려(11-1) 주춤서기로 서며 산틀막기 "기합"

12. 몸을 오른편으로 돌리며 왼발을 '라' 방향
으로 나가며 주춤서기로 빠르게 양 팔목을 가
슴까지 올려 'X'자로(12-1) 안팔목 몸통 헤쳐
막기

13. 왼발을 오른쪽으로 끌어 편히서기로 서
며 양 주먹을 얼굴까지 끌어올려 서서히 숨을
내쉬며 양 주먹 헤쳐막기

14. 몸을 오른쪽으로 돌려 왼발을 들어 '다'
방향으로(14-1) 주춤서기로 산틀막기

15. 몸을 오른쪽으로 돌려
오른발 들어 '나' 방향으로
왼학다리서기로   금강막기
(서서히 힘주어 평형성 유지)

16. 오른발을 '나' 방향으로
놓으며 주춤서기로 오른큰
돌쩌귀(시선 '나' 방향)

17. 같은 방향으로 왼발을 오른발 앞으로 내
딛으며(17-1) 몸을 360° 회전시켜 오른발을
'나' 방향으로 주춤서기로 놓으며 오른큰돌쩌
귀(빠르게).

18. 서기 그대로 오른발 들어(18-1) 왼학다
리서기로 금강막기. 서서히 힘주어 시선 '다'
방향으로 금강막기.

19. 오른발 '마' 방향으로
내딛어 주춤서기로 오른큰
돌쩌귀(시선 '마' 방향)

20. 방향 그대로 왼발을 오른발 앞에 놓으며
몸을 360° 회전시켜 '마' 방향으로 주춤서기
로 서며 오른큰돌쩌귀(빠르게)

21. 오른발 축으로 왼발을 들어 '바' 방향으로
주춤서기로 서며 산틀막기 "기합"

22. 왼발 축으로 오른발을
들어 '바' 방향으로 나가며
주춤서기로 양 안팔목 헤
쳐막기(빠르게)

23. 왼발 제자리. 오른발을   24. 왼발 축으로 오른발을 들어 '마' 방향으로
끌어 편히서기로 양 주먹   나가며 산틀막기
아래막기(서서히 힘주어)

25. 오른발 제자리, 왼발을
왼쪽으로 들어 90° 회전하
며 오른학다리서기로 금강
막기(서서히 힘주어). 시선
'나' 방향

26. 왼발 '나' 방향으로 주
춤서기로 내딛어 왼큰돌쩌
귀. 시선 '나' 방향

27. '나' 방향으로 오른발이 왼발 앞으로 나가
며(27-1), 몸을 360° 회전시켜 주춤서기로
왼큰돌쩌귀(빠르게)

"그만"
준비서기

태 백

　태백 품세는 백두산을 의미하며 연무선은 '工'자형으로 하늘과 땅과 사람으로 개국 신화를 뜻한다. 동작은 몸통막기가 많이 사용되었으며 민첩한 속도를 요한다(2~3단).

준비서기(편히서기)

1. 왼발을 '나' 방향으로 범서기로 서며, 양 손날을 얼굴까지 끌어올려(1-1), 서서히 힘 주어 내리다가 무릎 위에서 빠르게 양 손날 아래막기

2. 방향 그대로 오른발 앞차고(2-1), 내딛어 오른앞굽이로 오 른주먹 몸통지르고(2-2), 이어서 빠르게 왼주먹 몸통지르기

3. 왼발 축으로 오른발을 '가' 방향에 범서기
로 서며 얼굴까지 끌어올려 서서히 힘주어(3
-1) 양 손날 헤쳐 아래막기

4. 방향 그대로 왼발 앞차고(4-1), 내딛어 앞굽이로('다' 방향)
왼 주먹 몸통지르고(4-2), 이어서 빠르게 오른주먹 몸통지르기

5. 오른발 축으로 왼발을 '바' 방향으로 옮겨
왼앞굽이로 제비품 목치기(빠르게)

6. 서기 그대로 오른손 안으로 엎어(6-1) 서서히 힘주어 잡아
끌며(6-2) 오른앞굽이로 한걸음 나가며 몸통 바로지르기

7. 서기 그대로 왼주먹을 펴서 엎으며(7-1) 서서히 힘주어 잡
아 끌어 왼발 한걸음 앞굽이로 나가며 오른 몸통 바로지르기

8. 방향 그대로 오른손을 펴서 엎으며(8-1) 서서히 힘주어 잡
아 끌며(8-2) 오른발 한걸음 나가 앞굽이로 왼주먹 몸통 바로
지르기. "기합"

9. 오른발 축으로 몸을 왼쪽으로 돌려 왼발을
'라' 방향에 놓으며 오른뒷굽이로 금강 몸통
막기

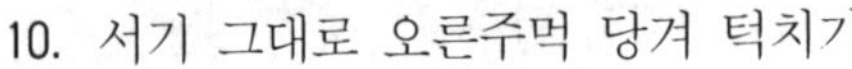

10. 서기 그대로 오른주먹 당겨 턱치기

11. 서기 그대로 왼주먹 옆지르기

12. 왼발을 들어올려 오른학다리로 서며 오
른돌쩌귀

13. 서기 그대로 왼발 옆차고(13-1), 왼앞굽
이로 팔굽 표적치기

14. 왼발을 끌어 오른발에 붙이고(14-1) 오른발을 '마' 방향으
로 왼뒷굽이로 서며 몸통 옆막기

15. 서기 그대로 당겨 턱치기

16. 서기 그대로 오른손 옆지르기

17. 오른발 들어 학다리서기로 왼돌쩌귀

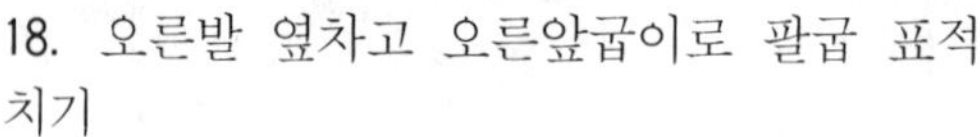

18. 오른발 옆차고 오른앞굽이로 팔굽 표적
치기

19. 오른발을 끌어 왼발에 붙이고(19-1) 왼발 '가' 방향으로 나
가며 오른뒷굽이로 손날 몸통막기

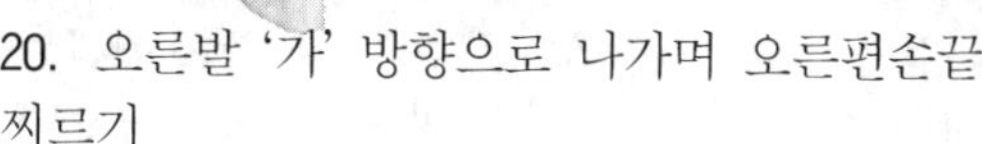

20. 오른발 '가' 방향으로 나가며 오른편손끝
찌르기

21. 몸을 돌려 오른손을 빼서 옆구리에 붙이고(21-1) 360° 회
전하여 '가' 방향으로 나가며 오른뒷굽이로 왼메주먹 얼굴치기

22. 오른발 앞굽이로 나가
며 몸통 반대지르기 "기합"

23. 오른발 축으로 왼발을
'나' 방향으로 옮겨 놓으며
왼앞굽이로 가위막기

24. 오른발 앞차고(24-1) 앞굽이로 내딛으며 오른주먹 지르고
(24-2) 빠르게 왼주먹 몸통지르기

25. 왼발 축으로 몸을 오
른편으로 돌려 오른발을
'다' 방향에 앞굽이로 놓으
며 가위막기

26. 왼발 앞차고(26-1), 왼앞굽이로 놓으며 왼주먹 몸통지르고
(26-2) 빠르게 오른주먹 몸통 바로지르기

"그만"
왼발 끌어 준비서기

평 원

준비

평원 품세는 지평력(地平力)으로 엮어진 동작을 말하며 힘과
유연성이 품세의 생명이다.
꼬아서기와 금강막기 동작을 주로 적용하였다.

준비서기(겹손 모아서기)

1. 오른발을 '다' 방향으로
벌려 서서히 힘주어 양 손
날 헤쳐막기

2. 서기 그대로 힘주어 통밀
기(가슴 앞으로 끌어올려)

3. 오른발을 '다' 방향으로
옮겨 왼뒷굽이로 서며 오른
한손날 아래막기

4. 두 발 제자리. '나' 방향으
로 오른뒷굽이로 고쳐 서며
왼한손날 바깥막기

5. 왼발 '나' 방향으로 내딛
어 앞굽이로 오른 팔굽 턱
치기

6. 방향 그대로 왼발 앞차고(6-1), 이어서 왼발 뒤차기(뒤돌아
옆차기) (6-2) 한 다음 '다' 방향으로 왼뒷굽이로 손날 몸통막기

7. 서기 그대로 두 손을 머리 위로 크게 원을 그려 손날 아래막기
※ 6, 7 동작은 빠르게

8. 왼발 제자리. 오른발을 '다' 방향으로 약간 내딛어 주춤서기로 거들어 얼굴막기(시선 '다' 방향)

9. 왼발 제자리. 오른발을 들어(9-1) 오른주먹 당겨 턱치기. "기합"

10. 서기 그대로 왼주먹
당겨 턱치기
※ 9, 10 동작은 빠르게

11. 오른발 제자리. 왼발을 오른발 앞에 꼬
아 서며 멍에치기

12. 오른발이 '다' 방향으로 나가며(2-1) 산
틀막기

13. 제자리에서 서기 그대
로 오른발을 들어 왼학다리
서기로 금강막기(시선 '다'
방향)

14. 제자리에서 서기 그대
로 오른발 들어 왼돌쩌귀

15. 오른발을 '다' 방향을 향하여 옆차기 하고(15-1) 오른앞굽이로 서며 왼팔굽 턱치기

16. 방향 그대로 왼발 앞차고 몸을 돌려(16-2) 오른발 뒤돌아 옆차기(16-3) 한 다음 '가' 방향으로 오른뒷굽이로 서며 손날 몸통막기

17. 서기 그대로 양손을 얼굴 위로 크게 원
을 그려(17-1) 손날 아래막기

  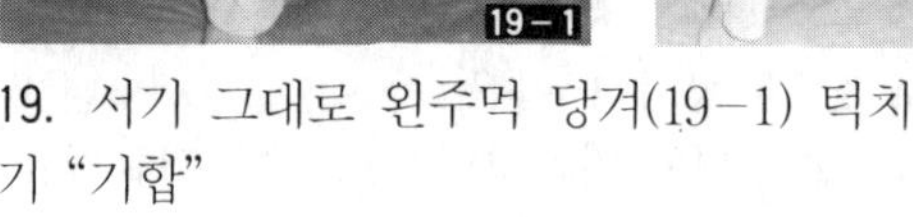

18. 오른발 제자리. 왼발
'다' 방향으로 약간 내딛어
왼팔목 거들어 얼굴막기

19. 서기 그대로 왼주먹 당겨(19-1) 턱치
기 "기합"

20. 서기 제자리. 오른주먹
당겨 턱치기
※ 19, 20 동작은 빠르게 한
다

21. 왼발 제자리. 오른발이 왼발 앞으로 꼬
아 서며(21-1) 멍에치기

22. 오른발 제자리. 왼발을 들어(22-1) '다'
방향에 주춤서기로 놓으며 산틀막기

23. 제자리에서 왼발을 들
어 학다리서기로 금강막기

24. 서기 그대로 오른돌쩌귀

25. 왼발 옆차고(25-1) ‘다’ 방향에 놓으며 왼
앞굽이로 오른팔굽 표적치기

“그만”
준비서기

십 진

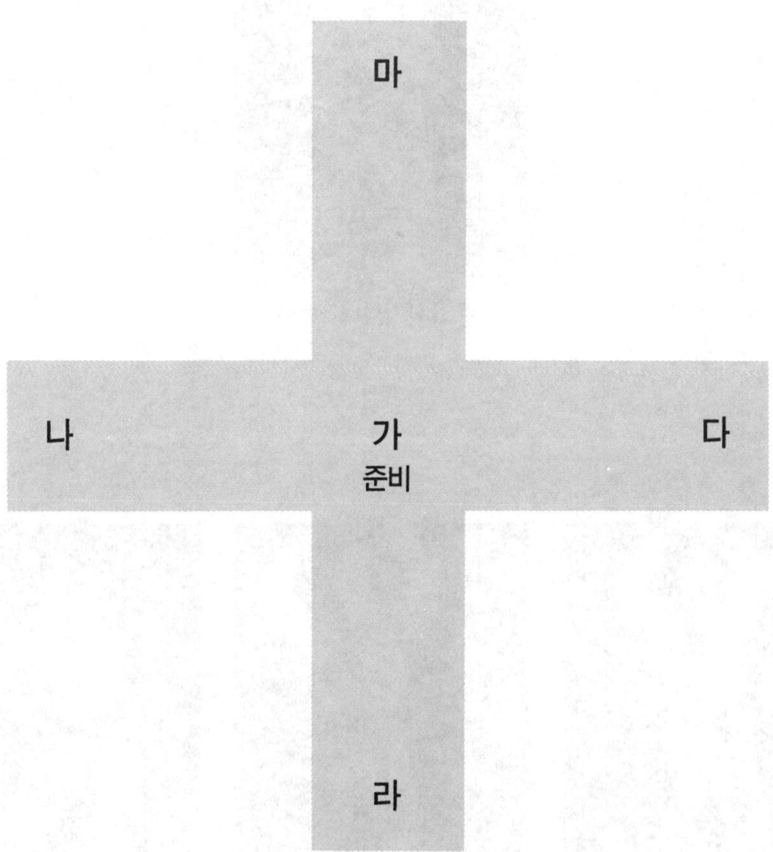

십진 품세는 무궁한 영생을 줄 수 있는 '十'자형으로 만들었고, 끝없는 단위로 무상한 변화를 요구하며 동작의 형태는 손바닥거들어막기를 응용하였다.

이 품세의 중요한 생명은 완만성과 절도를 넣어 변화하는 동작에 안전성을 기한 점이다(4~5단).

준비서기(편히서기)

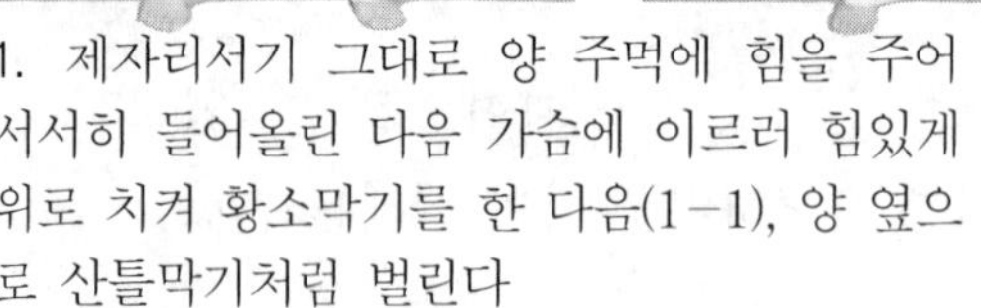

1. 제자리서기 그대로 양 주먹에 힘을 주어
서서히 들어올린 다음 가슴에 이르러 힘있게
위로 치켜 황소막기를 한 다음(1-1), 양 옆으
로 산틀막기처럼 벌린다

2. 왼발을 '나' 방향으로
옮겨 오른뒷굽이로 손바닥
거들어막기

3. 제자리에서 왼손을 힘주어 펴서 안으로 틀
어 서서히 앞굽이로 고쳐 서며 오른편손 엎어
찌르기

4. 제자리에서 서기 그대로 왼·오른 주
먹 지르기

5. 왼발 제자리, 오른발을 들어 '나' 방향으로 나가(5-1) 주춤
서기로 산틀막기

6. 왼발이 오른발 앞으로
나가 꼬아 서며 '나' 방향으
로 주춤서기로 서며 옆지
르기. "기합"

7. 왼발 축으로 몸을 왼쪽으로 돌리며 오른발
을 '가' 방향으로 벌려 주춤서기로 멍에치기

8. 왼발을 끌어 오른발에 붙여 왼뒷굽이로 손바닥 거들어막기
※ 오른발이 '나' 방향으로 나가며

9. 제자리에서 오른앞굽이로 서며(서서히) 오른손을 펴서 엎어찌르고 이어서 빠르게 왼손 엎어찌르기

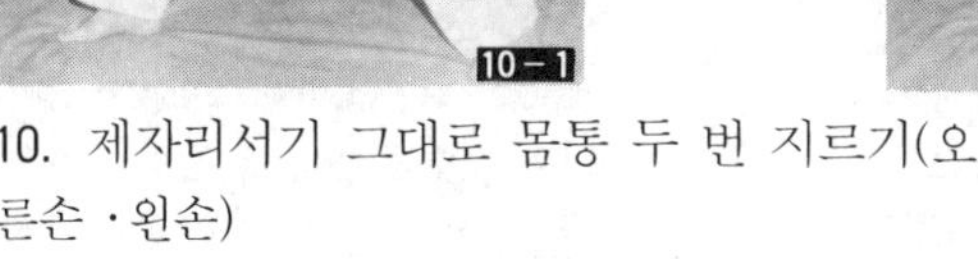

10. 제자리서기 그대로 몸통 두 번 지르기(오른손·왼손)

11. 오른발 제자리에 왼발을 들어(11-1) '나'
방향으로 주춤서기로 나가며 산틀막기

12. 오른발이 왼발 앞으로
꼬아서 나가며 왼발이 '라'
방향으로 나가며 주춤옆지
르기. "기합"

13. 오른발 축으로 몸을
오른쪽으로 돌리며 왼발
'라' 방향으로 멍에치기

14. 왼발 축으로 몸을 오른쪽으로 돌려 오른발을 '가' 방향으로 옮겨 왼뒷굽이로 손바닥 거들어막기

15. 제자리서기 그대로 오른손을 힘주어 펴서 안으로 틀며(15 -1) 왼편손끝 엎어찌르기

16. 제자리서기 그대로 몸통 두 번 지르기(오른손·왼손)

17. 왼발이 앞으로 나가며 오른뒷굽이로 손날등 아래막기(오른 손등이 위로 가도록)

18. 오른발이 한걸음 나가 앞굽이로 서며 바
위밀기

19. 왼발 제자리. 오른발을 옮겨 주춤서기로
손날등 몸통 헤쳐막기

20. 제자리서기 그대로 두 손날 엇갈려 서서히 힘주어 아래 헤쳐막기

21. 두 발 제자리. 두 무릎을 펴 서면서 양손을 힘있게 주먹을 쥔다

22. 오른발 제자리. 왼발을 '가' 방향으로 옮겨 왼앞굽이로 들어올리기(힘있고 빠르게)

23. 제자리서기 그대로 서서히 바위밀기

24. 두 주먹 잡아당기며 왼돌쩌귀로 오른발
앞차고(24-1), 오른앞굽이로 내딛어 쳇다리
지르기('마' 방향)

25. 두 주먹 잡아당기며 오른돌쩌귀로 왼발
앞차고(25-1), 왼발 내딛어 쳇다리지르기('마'
방향)

26. 두 주먹을 잡아당겨 왼돌쩌귀로 오른발
앞차고(26-1), 뛰어나가 오른꼬아서기로 오
른거들어 등주먹 얼굴치기('마' 방향)

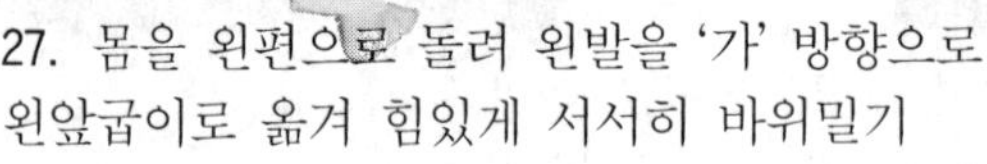

27. 몸을 왼편으로 돌려 왼발을 '가' 방향으로
왼앞굽이로 옮겨 힘있게 서서히 바위밀기

28. 오른발 제자리. 왼발을 왼앞주춤서기로
끌며 손날 엇갈려 아래막기

29. 오른발 한걸음 나가 왼
뒷굽이로 손날등 몸통막기(
'가' 방향)

30. 왼발이 '가' 방향 오른
뒷굽이로 나가며 쳇다리지
르기

31. 오른발 한걸음 나가며
왼뒷굽이로 쳇다리지르기

"그만"
오른발 축으로 몸을 오른쪽
으로 돌리며 왼발이 오른발
앞으로 돌아 준비서기

지 태

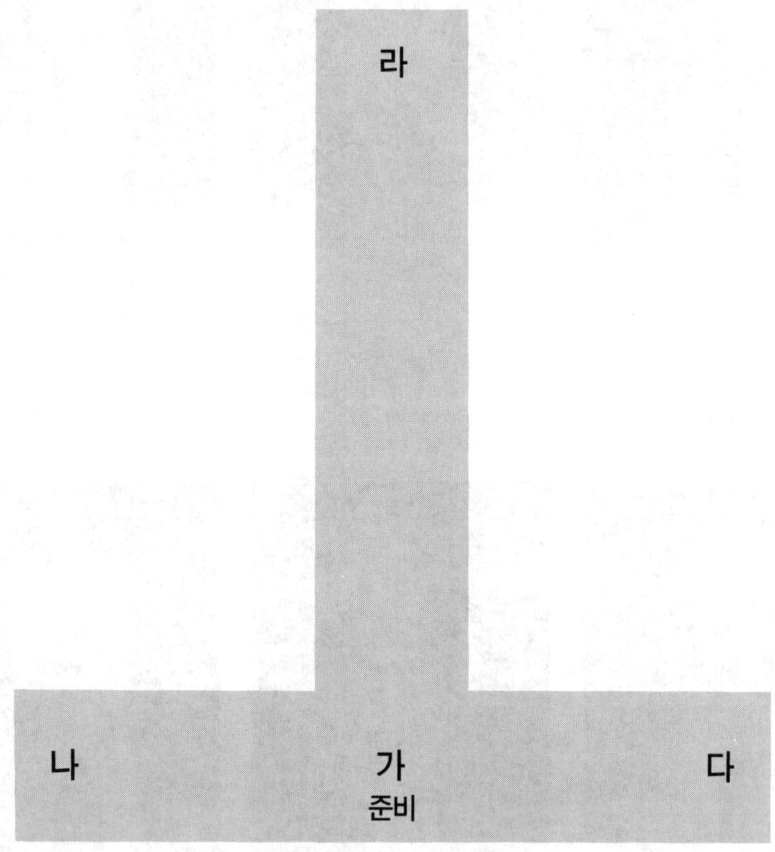

　지태 품세는 땅을 응용하여 엮어진 동작을 말하며 진행 연무 선도 지표에서 하늘을 가리키는 'ㅜ' 자형을 택했다. 동작의 움직이는 형태는 땅에서부터 솟구치는 듯 손으로 막기를 주로 적용하였다(5~6단).

준비서기

1. 왼발 '나' 방향으로 나가
며 오른뒷굽이로 몸통 바깥
막기

2. 오른발 한걸음 나가며 오른앞굽이로 서면
서 서서히 힘주어 얼굴막기를 한 다음(2-1)
빠르게 몸통지르기

3. 왼발 축 몸을 오른쪽으로 돌려 '다' 방향으로 왼뒷굽이로 서며 몸통 바깥막기

4. 왼발 한걸음 나가 왼앞굽이로 서며 서서히 힘주어 얼굴막기를 한 다음(4-1) 빠르게 몸통 바로지르기

5. 오른발 축으로 왼발을 '라' 방향에 옮겨 왼앞굽이로 아래막기

6. 왼발을 약간 끌어 오른뒷굽이로 왼한손날 얼굴막기

7. 오른발 앞차고(7-1), 왼뒷굽이로 서며 손
날 아래막기('라' 방향)

8. 제자리서기 그대로 몸통 바깥막기

9. 왼발 앞차고(9-1), 오른뒷굽이로 내딛어
손날 아래막기('라' 방향)

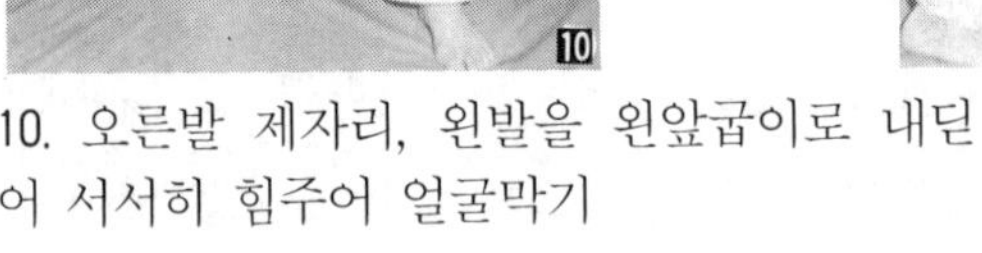

10. 오른발 제자리, 왼발을 왼앞굽이로 내딛
어 서서히 힘주어 얼굴막기

11. 오른발 한걸음 나가며, 오른앞굽이로 금
강지르기('라' 방향)

12. 서기 그대로 제자리에서 왼·오른 주먹
몸통 안막기(빠르게)

13. 오른발 뒤로 빼어('가' 방향) 오른뒷굽이
로 왼한손날 아래막기

14. 오른발 앞차고 뒤로 빼어('가' 방향) 왼앞굽이로 서며 빠르
게 오른·왼 주먹 몸통지르기(연속으로)

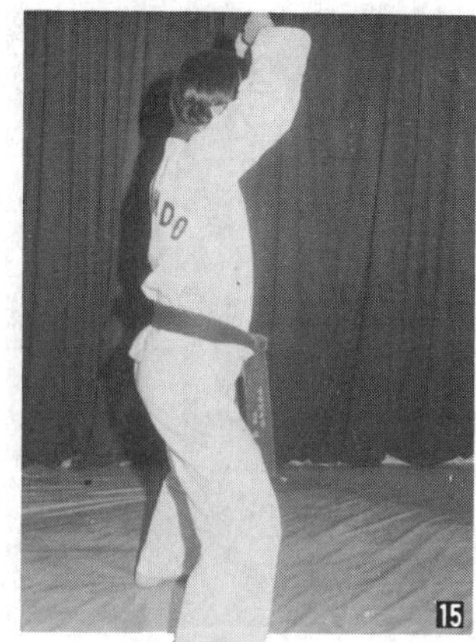

15. 왼발 뒤로 빼어 주춤서기로 황소막기

16. 제자리서기 그대로 왼팔목 아래막기

17. 제자리서기 그대로 '가' 방향으로 오른한손날 몸통 바깥막기

18. 제자리서기 그대로 왼메주먹 표적치기
('가' 방향). "기합"

19. 왼발 제자리. 오른발을
들어 학다리서기로 오른팔
목 아래막기
('가' 방향)

20. 제자리서기 그대로 왼
돌쩌귀

21. 오른발 옆차기 한 다음 왼발 옆에 놓고 왼발을 들어 학다리
서기로 왼아래막기 ('라' 방향)

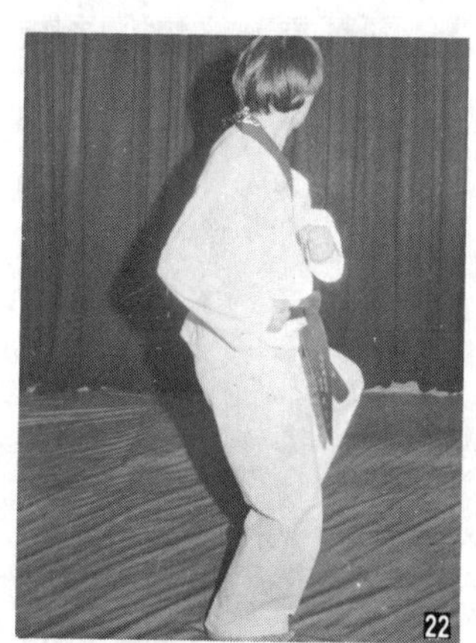 

22. 제자리서기 그대로 오른돌쩌귀

23. 왼발 옆차기 하고 '가' 방향으로 왼앞굽이
로 몸통 바로지르기

24. 오른발 한걸음 나가
오른앞굽이로 몸통 반대지
르기. "기합"

25. 오른발 축 왼발을 '나'
방향으로 돌려 오른뒷굽이
로 손날 아래막기

26. 오른발 한걸음 나가
왼뒷굽이로 손날 몸통막기

27. 왼발 축으로 몸을 '다'
방향으로 돌려 오른발을
들어 왼뒷굽이로 서며 손
날 아래막기

28. 왼발 한걸음 나가며
오른뒷굽이로 서며 손날
몸통막기

"그만"
왼발 끌어 준비서기

천 권

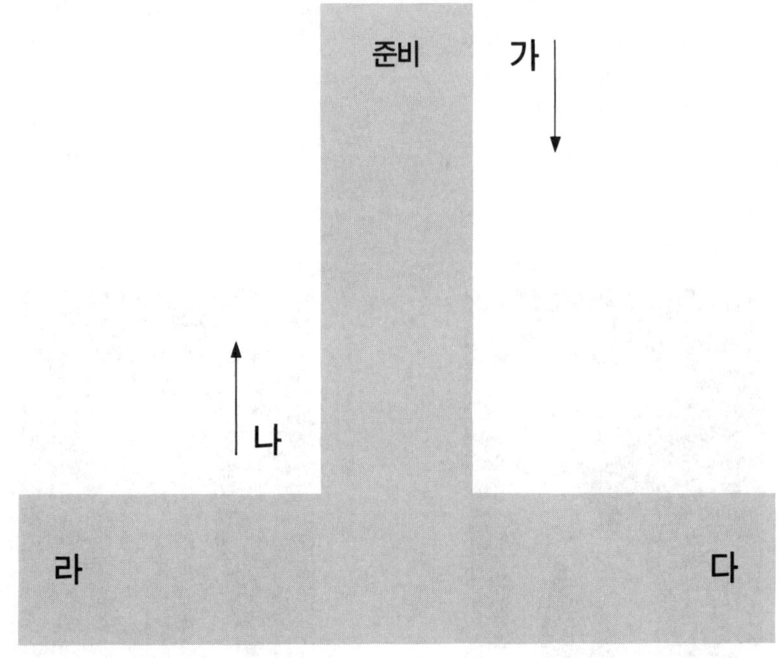

천권 품세는 하늘의 무한히 넓고 오묘한 상상의 세계를 응용
하였으며, 진행 연무선도 지표에서 하늘을 우러러보는 '⊥' 자형
을 택했고 동작의 움직이는 형태는 하늘로부터 독수리가 내리
듯 날개펴기를 주로 적용했다. 이 품세의 중요한 생명은 완만한
힘과 신속한 절도를 넣어 천권의 높고 넓은 사상을 응용시킨 것
이다(6~7단).

준비서기(겹손 모아서기)

1. 제자리서기 그대로 두 손
을 겹친 채 서서히 가슴으로
끌어올린다(손바닥을 몸에
붙여 올리면서 손끝이 각각
손목쪽에 붙어 있어야 한다)

2. 제자리서기 그대로 손에 힘을 주어 서서히
날개펴기

3. 왼발을 뒤고 빼어 굴러 딛고 왼뒷굽이로
양손을 크게 원을 그려(3-1) 막으며 밤주먹
소슴치기

4. 왼발을 약간 발을 벌리
며 몸통을 오른쪽으로 꼬
아 오른앞굽이로 원 한손날
몸통막기

5. 왼손을 밖으로 틀어(5-1) 잡아 끌며(5-2) 왼발이 한걸음 나
가 왼앞굽이로 서서히 힘주어 몸통 바로지르기

6. 오른발을 약간 밖으로 벌리며 몸을 왼쪽으로 꼬아 왼앞굽이로 오른 한손날 바깥 막기(몸통)

7. 오른손 밖으로 잡아 끌며(7-1) 오른발 한 걸음 나가며 앞굽이로 서서히 힘주며 몸통 바로지르기

8. 왼발을 약간 밖으로 벌리며 몸을 오른쪽으로 꼬아 오른앞굽이로 왼 한손날 몸통 바깥막기

9. 왼손 잡아 끌며 왼발 옆차기 하고(기합) 내딛어 왼앞굽이로 아래막기

10. 오른발 한걸음 나가 오른앞굽이로 몸통 반대지르기

11. 오른발 축으로 몸을 왼쪽으로 돌려 왼발을 '라' 방향에 뒷굽이로 놓으며 거들어 몸통막기

12. 제자리서기 그대로 왼팔로 휘둘러 막고 옆지르기

13. 왼발이 한걸음 나가 왼뒷굽이로 왼팔목
휘둘러 얼굴 막아 잡아다니며 오른주먹 옆지
르기

14. 왼발 축으로 오른발을
오른쪽으로 돌려 '라' 방향
에 왼뒷굽이로 서며 안팔
목 거들어 몸통막기

15. 제자리서기 그대로 오른팔목 휘둘러 막
고(얼굴) 옆지르기

16. 왼발이 한걸음 나가 오른뒷굽이로 오른
팔목 휘둘러 얼굴 막고 끌어당기며 왼주먹 옆
지르기

17. 오른발 축으로 몸을 왼쪽으로 꼬아 왼발
을 '나' 방향으로 옮겨 왼앞굽이로 오른 몸통
바깥막기

18. 제자리에서 서기 그대로 몸통 반대지르기

19. 오른발 앞차고(19-1) 내딛어 오른앞굽이
로 몸통 반대지르기

20. 왼발 제자리. 오른발을
약간 끌어 왼뒷굽이로 손
날 아래막기

21. 자진발로 반걸음 나가며 왼뒷굽이로 왼
손바닥을 치며 안손목 몸통 바깥막기 하고 계
속 자진발로 나가며 뒷굽이로 왼손바닥을 치
며 아래막기

22. 오른발을 약간 내딛어
주춤서기(몸 '라' 방향, 시선
'나' 방향)로 금강옆지르기

23. 오른발을 굴러 공중에서 몸을 360° 왼쪽으로 돌리며 오른
발로 표적치기를 하고(몸 '라' 방향, 시선 '나' 방향) 금강옆지르기
('나' 방향)

24. 오른발 제자리, 왼 발
을 약간 끌어 뒷굽이로 '가'
방향으로 서서히 힘주어
손날 외산틀막기

25. 두 발 제자리. '나' 방
향을 향하여 서서히 왼뒷
굽이로 고쳐 서며 손날 외
산틀막기

26. 오른발 축으로 몸을 왼쪽으로 돌리며 왼
발을 오른발에 모아 두 손을 앞에서부터 뒤로
크게 휘둘러 막고 오른발이 나가 오른범서기
로 힘주어 서서히 태산밀기

27. 오른발을 끌어 왼발에 붙여 모아서기로
(27-1) 두 손을 앞에서부터 뒤로 크게 휘둘
러 막고 왼발이 나가 왼범서기로 서서히 힘주
어 태산밀기

"그만"
왼발을 끌어 준비서기(겹
손 모아서기)

한 수

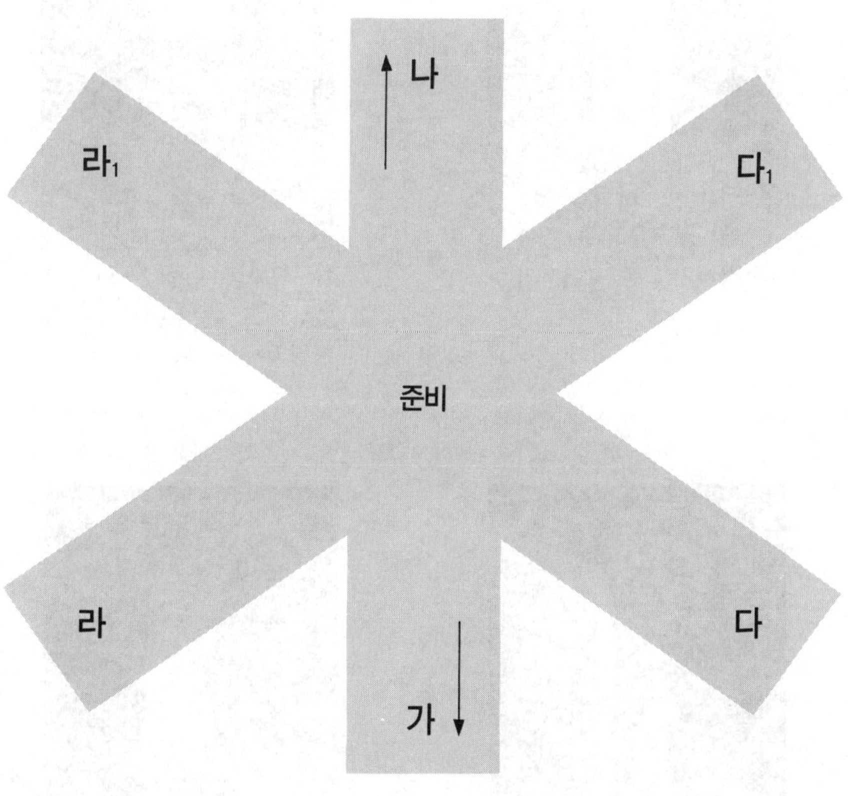

한수 품세는 '水' 자로 진행되며 중요한 동작은 물결처럼 유연하면서 무서운 힘을 나타낸 동작에 중점을 두고 있다. 이 품세의 생명은 유연성을 바탕으로 한 원심력으로 공방하는 융화된 통일성을 응용한 것이다(7~8단).

214

준비서기(겹손 모아서기)

1. 왼발이 한걸음 나가며 앞굽이로 손날등 몸통 헤쳐막기

2. 오른발 한걸음 나가며 앞굽이로 메주먹 양 옆구리지르기

3. 오른발을 뒤로 빼어 '나' 방향으로 오른앞굽이로 서며 '가' 방향을 향하여 외산틀막기(시선 '가' 방향)

4. 두 발 제자리에 두고
'가' 방향을 향하여 왼앞굽
이로 고쳐 서며 몸통 바
로지르기

5. 왼발 뒤로 빼어 '나' 방
향으로 서며 '가' 방향을 향
하여 외산틀막기(시선 '가'
방향)

6. 두 발 제자리에 '가' 방향
을 향하여 오른앞굽이로 고
쳐 서며 몸통 바로지르기

7. 오른발을 뒤로 빼어
'나' 방향으로 오른앞굽이
로 서며 '가' 방향을 향하
여   외산틀막기(시선 '가'
방향)

8. 두 발 제자리. '가' 방향으로 향하여 왼앞굽이로 고쳐 서며 몸통 바로지르기

9. 오른발 한걸음 나가 앞굽이로 서며 손날등 헤쳐 막기

10. 왼발이 '다' 방향으로 (45°) 한걸음 나가며 왼앞굽이로 칼재비(아금손 목치기)

11. 오른발이 뛰어나가 ('다' 방향) 모듬발 두주먹 제쳐지르기

12. 왼발을 뒤로 빼어(‘라’
방향) 주춤서기 오른 안팔목
표적 아래막기

13. 몸을 오른쪽으로 돌리
며 오른발을 뒤로 빼어 ‘라’
방향 오른뒷굽이로 ‘다’ 방
향을 향하여 손날 금강막기

14. 왼발 들어 ‘다₁’ 방향
을 향하여 오른학다리서기
로 오른돌쩌귀

15. 왼발 옆차고 내딛어 왼앞굽이로 제비품
목치기

16. 오른발 앞차고(16-1), 뛰어나가 오른꼬
아서기로 등주먹 얼굴치기. "기합"

17. 왼발 뒤로 빼어('라'방향
)주춤서기왼옆은 손날 바깥
치기

18. 오른발 들어 표적치기(18-1) 하고 '라'
방향에 내딛어 주춤서기로 오른 팔굽 표적
치기

19. 왼발을 오른발에 끌어
붙이고 오른발이 '라' 방향
으로 앞굽이로 서며 칼재
비(아금손 목치기)

20. 왼발이 뛰어나가('라'
방향) 모둠발 두주먹 제쳐
지르기

21. 오른발 뒤로 빼어('다₁'
방향) 주춤서기로 왼 안팔목
표적 아래막기

22. 몸을 왼쪽으로 돌리며
왼발을 뒤로 빼어('다₁' 방
향) 왼뒷굽이로 '라' 방향
을 향하여 손날 금강막기

23. 오른발 들어 '라₁' 방향으로 향하여 학다리서기로 왼돌쩌귀

24. 오른발 옆차고(24-1) 내딛어 '라₁' 방향을 향하여 오른앞굽이로 제비품 목치기

25. 왼발 앞차고(25-1) 뛰어나가 왼꼬아서기로 등주먹 얼굴치기. "기합"

26. 오른발 뒤로 빼어('다₁' 방향) 주춤서기로 오른옆은 손날 바깥치기

27. 왼발 들어 표적치기(27-1) 하고 '다' 방향에 내딛어 주춤서기로 왼팔굽 표적치기

"그만"
오른발 끌어 왼발에 붙여
모아서기

일 여

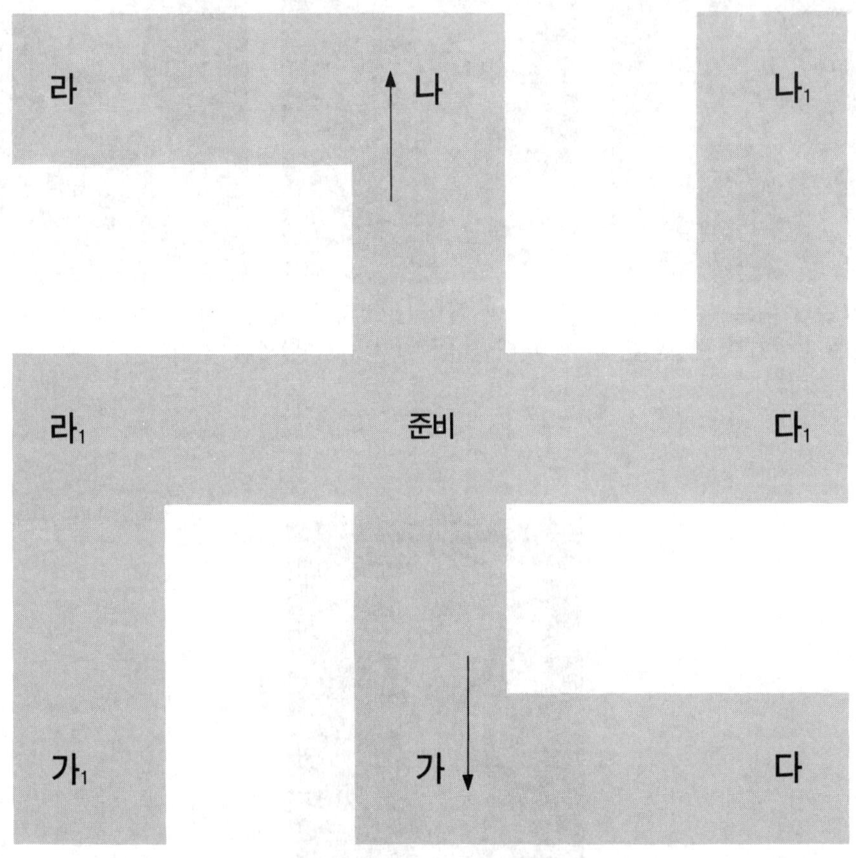

일여 품세는 정신과 육체가 하나라는 의미를 지니고 있다. 연무 진행선은 불교의 상징인 '卍' 자로, 동작의 움직이는 형태는 금강막기를 주기술로 하고 있으며 품세의 중요한 생명은 등척성과 평형성을 응용시킨 점이다(7~8단).

준비서기(모아서기 보주먹)

1. 왼발이 앞으로 나가며
오른뒷굽이로 손날 얼굴막
기(빠르게)

2. 오른발 한걸음 나가며
앞굽이로 몸통 반대지르기
(빠르게)

3. 왼발을 ‘다’ 방향으로 옮
겨 오른뒷굽이로 금강막기

4. 왼발을 '나' 방향으로 옮겨 빠르게 오른뒷
굽이 한 다음 빠르게 손날 몸통막기

5. 제자리서기 그대로 빠
르게 몸통 바로지르기

6. 오른발 뛰어나가 굴러 디디며 오금학다리
서기로 편손끝찌르기(왼손 빠르게)

7. 제자리에서 오른학다리
서기로 '나' 방향을 향하여
외산틀 옆치기(등척성, 평형
유지)

8. 찬발을 빠르게 내딛어 오
른뒷굽이 한 다음 엇갈려 얼
굴막기(빠르게)

9. 오른발 한걸음 나가며
오른앞굽이로 몸통 반대지
르기

10. 왼발 '라' 방향으로 옮
겨 오른뒷굽이로 금강막기

11. 왼발을 '가' 방향으
로 옮겨 오른뒷굽이로
고쳐 서며 손날몸통막
기(빠르게).

12. 제자리서기 그대로
몸통바로지르기(빠르게).

13. 빠른 동작으로 오
른발 뛰어나가 굴러 디
디며   오금학다리서기
로   오른편손끝찌르기
(빠른 동작).

14. 제자리서기 그대로
학다리서기 한 다음 왼
발옆차기('다$_1$' 방향 외
산틀옆차기).

15. 찬발 빠르게 내딛어 오른뒷굽이를 한 다음 엇 갈려 얼굴막기(빠른 동작)

16. 두 손을 비틀어 잡아당기며(16-1) 오른 발이 한걸음 나가 앞굽이로 몸통 반대지르기

17. 왼발을 '나₁' 방향으로 옮겨 뒷굽이로 금강막기

18. 오른발 축으로 몸을 왼 쪽으로 돌리며 왼발을 오른 발에 붙인 다음 '라₁' 방향을 향하여 모아서기(천천히 하 며 양 주먹을 허리에 붙인다)

19. 왼발 앞차고(19-1), 내딛어 굴러 뛰며 이단뛰어 옆차기(19
-2) 한 다음 뒷굽이로 엇걸어 얼굴막기

20. 두 손을 펴서 비틀어 잡아당기며(20-1) 왼발 한걸음 나가
앞굽이로 몸통 반대지르기(등척성)

21. 왼발 축으로 몸을 오른쪽으로 돌려 오른발을 '가' 방향으로 뒷굽이로 서며 금강막기

22. 오른발 끌어 왼발에 붙여 '다₁' 방향을 향하여 두 손을 허리에 붙인다

23. 오른발 앞차고(23-1), 내딛어 굴러 뛰며 왼발뛰어 옆차기(23-2) 하고 빠르게 오른뒷굽이로 엇걸어 얼굴막기

"그만"
왼발 끌어 보주먹 모아막기

제6장
겨루기

●

태권도의 겨루기는 태권도의
모든 기술(손발)을 이용하여 상대방을
공격하고 방어하는 기술을 익히는 수련 동작을 말한다.
겨루기에는 자유겨루기, 약속겨루기, 3본겨루기(삼수식),
1본겨루기(일수식), 단체겨루기(다인겨루기)
등이 있다. 자유겨루기는 태권도의
주먹, 발 등을 이용하여 공격하고 방어하는
동작으로 승패를 가리게 된다.
그러나 3본겨루기와 1본겨루기는
자유겨루기의 앞에 수련하는 과정이면서
필수적인 수련 동작이므로
소개하기로 한다.

3본겨루기

　3본겨루기는 두 사람이 약속을 하여 공격과 방어를 이루어 나
감을 말한다. 태권도의 수련은 예의를 중시하기 때문에 항상 시
작과 끝난 뒤 예의를 갖추어야 한다.
　3본겨루기의 수련 목적은 공격보다 방어를 위한 수련 동작이
므로 정확한 거리 조절과 힘의 강약이 중요시 된다.

준비자세

1. 공격자는 오른발을 뒤
로 빼서 왼앞굽이로 아래
막기

2. 공격자는 한 발 나가며
오른앞굽이로 얼굴지르기.
방어자는 오른발 뒤로 뒷굽
이로 서며 손날 바깥막기

3. 2번 동작의 반대 동작

4-1. 공격자는 한 발 나가며 얼굴지르기. 방어자는 오른발을 공격자의 오른발 앞에 놓으며 공격자의 손목을 막는다(왼손 안쪽, 오른손 바깥쪽)

4-2. 공격자의 손목을 잡으며 몸을 뒤로 돌려,

4-3. 손목을 잡아당긴다

4-4. 방어자는 공격자의 어깨를 오른손으로 잡아당긴다

5. 이어서 빠르게 오른무
릎치기(기합)

"바로"
준비자세로 선다

준비자세(1보 거리에서 마주보고)

1. 공격자가 오른발을 뒤로 빼서 앞굽이로 아래막기(기합과 동시에)
※ 방어자는 공격하라는 신호로 기합을 넣는다

2. 공격자가 얼굴지르기를 하면 방어자는 한걸음 뒷굽이로 물러서며 한손날 바깥막기

3. 2번 동작의 반대 동작

4. 공격자의 몸을 비켜 서며 오른발을
공격자 뒷발에 놓으며, 앞굽이로 왼손날
손목 막고 동시에 손날 목치기. "기합"

"바로"
준비자세로 선다

준비서기

1. 공격자는 오른발 뒤로
앞굽이로 아래막기

2. 방어자는 오른발 뒤로
빼며 왼손날 바깥막기. 공
격자는 앞굽이로 나가며
얼굴지르기

3. 2번 동작의 반대 동작

4. 공격자가 얼굴지르기(1
보 나가며) 하면 방어자는
오른발 뒤로 겨루기 자세
로 선다

5-1. 4번 동작에 이어 빠
르게 방어자는 오른발로
바깥막기 한다

5-2. 5-1 동작에 이어
빠르게 발을 옆차기 자세
로 잡는다

5-3. 옆차기 "기합"

"바로"
준비자세로 선다

준비자세

1. 공격자는 오른발 뒤로
빼서 왼앞굽이로 아래막기

2. 공격자 한 발 나가며 앞
굽이로 얼굴지르기. 방어자
는 오른발 뒤로 빼서 뒷굽
이로 서며 손날 바깥막기

3. 2번 동작의 반대 동작

4-1. 공격자가 얼굴지르기를 할 때 방어자는 제자리에서 왼손으로 손목을 잡고 오른손은 띠를 잡는다

4-2. 방어자는 몸을 숙여 잡아당긴다

4-3. 방어자는 공격자를 들어올린다

4-4. 방어자는 공격자를 앞으로 넘겨 오른주먹으로 몸통지른다. "기합"

"바로"
준비자세로 선다

1본겨루기

1본겨루기는 3본겨루기와 달리 빠른 동작으로 상대방의 공격을 피해 역습하는 동작이다. 특히 상대방의 공격시 빈틈을 역습하는 동작이므로 빠른 판단과 힘의 조절이 필요하다.

많은 수련을 쌓으면 호신술의 일종으로 사용이 가능한 동작이다.

이외에도 많은 동작이 있으나 필수 동작 몇 가지만 소개한다.

준비자세

1. 공격자는 오른발을 뒤
로 빼서 왼앞굽이로 아래
막기
※ 방어자는 준비자세에서
공격하라는 "기합"을 힘있
게 넣는다

2-1, 2. 기합과 동시에 공격자는 한걸음 앞
굽이로 나가며 얼굴지르기를 한다. 방어자는
왼발을 뒤로 빼서 뒷굽이로 서며 오른 팔목
바깥막기를 하고(2-1) 빠르게 팔굽으로 명치
를 공격한다. "기합"

"바로"
준비자세로 선다

준비자세

1. 공격자는 오른발을 뒤로 빼 왼앞
굽이로 아래막기
※ 방어자는 공격하라는 "기합"을 힘
있게 넣는다

2-1, 2. 기합과 동시에 공격자는 한걸음 나
가며 얼굴지르기를 한다. 방어자는 동시에 오
른발을 오른쪽으로 끌어 주춤서기를 하며 오
른주먹 몸통지르기(2-1), 빠르게 왼주먹 몸
통지르기를 한다. "기합"

"바로"
준비자세로 선다

246

준비자세

1. 공격자는 오른발을 뒤
로 빼서 왼앞굽이로 아래
막기
※ 방어자는 준비서기에서
공격하라는 "기합"을 힘있
게 넣는다

2-1. 공격자는 이어서 빠
르게 한걸음 나가며 얼굴
지르기를 한다. 동시에 방
어자는 오른발을 뒤로 빼
서 겨루기 자세를 취한다

2-2. 빠른 동작으로 방어
자는 오른발 앞돌려차기를
한다. "기합"

"바로"
준비자세로 선다

준비자세

1. 공격자는 오른발을 뒤
로 빼서 왼앞굽이로 아래
막기
※ 방어자는 준비서기에서
공격하라는 "기합"을 힘있
게 넣는다

2-1, 2. 기합과 동시에 공격자는 한걸음 나
가며 얼굴지르기를 한다. 방어자는 빠른 동작
으로 오른발을 들어 공격자의 오른발 앞에 놓
으며 오른 손날 바깥막기(2-1)를 한다. 이어
서 빠르게 발을 제자리에서 뒤로 돌아 왼 팔
꿈치로 명치를 지른다. "기합"

"바로"
준비자세로 선다

준비자세

1. 공격자는 오른발을 뒤
로 빼서 왼앞굽이로 아래
막기
※ 동시에 방어자는 공격
하라는 "기합"을 힘있게
넣는다

2-1. 기합과 동시에 공격
자는 한걸음 나가며 얼굴지
르기. 방어자는 왼발을 오른
발에 붙여 모으며 몸을 틀어
오른 손날로 막는다

2-2. 빠른 동작으로 손목
을 잡아당기며 왼발을 공
격자 낭심 밑에 놓으며 왼
손으로 팔꿈치를 누른다

2-3. 공격자 어깨를 당기
며 오른무릎치기로 공격한
다. "기합"

"바로"
준비자세로 선다

준비자세

1. 공격자는 오른발을 뒤
로 빼서 왼앞굽이로 아래
막기
※ 방어자는 공격하라는
기합"을 힘있게 넣는다

2-1. 기합과 동시에 공격자는 얼굴지르기를
하고 방어자는 빠른 동작으로 오른발을 들어
공격자의 오른발을 걸며 왼손으로 손목을 잡고
오른손으로 어깨를 당겨(2-1) 넘긴다(2-2)

2-3. 넘긴 후 오른 주먹으
로 몸통을 지른다. "기합"

"바로"
준비자세로 선다

제 7 장
단 련

●

단련이라함은 신체의 일부분을
강하게 하여 무기화(武器化)시킴을 말한다.
다시 말해서 손이나 발 등의 부분을
단단한 물체에 여러 번 충격을 주며 때림으로써 뼈나
근육을 단단하게 만들고 피부에 굳은살이 생기며
여러 번 때리는 가운데 속도나 힘의 양을 조절할 수 있다.
태권도의 수련 과정에서 단련 과정이
제일 어렵다고 할 수 있다. 아픔을 참고 견디어 나가며
꾸준히 노력하여야 그 결과를 얻을 수 있기 때문이다.
단련 없이 벽돌이나 강한 물체를 격파한다는 것은
잘못된 생각이다. 오랜 시간을 단련시킨다면
약한 주먹이라 하더라도 강한 파괴력을 갖게 될 것이다.

준비하기 쉬운 단련대의 종류

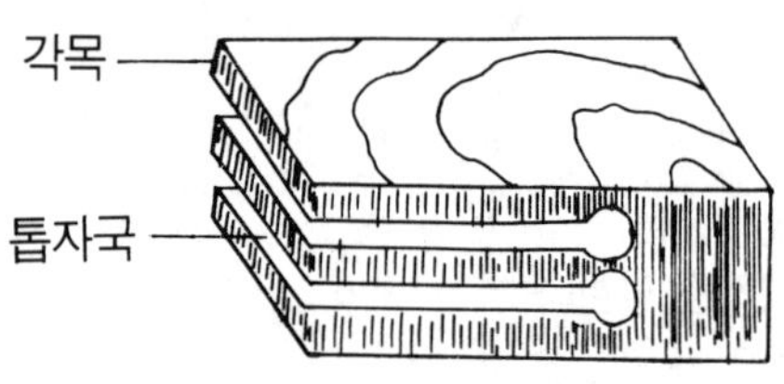

• 각목에 톱자국을 내 탄력을 준다

• 벽돌에 새끼를 감아 새끼로 탄력을 갖는다

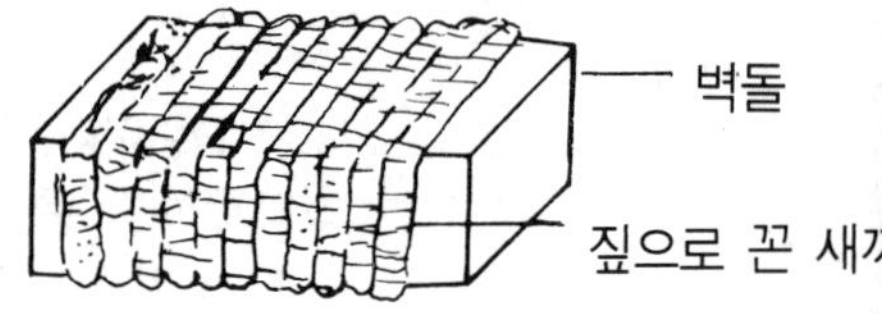

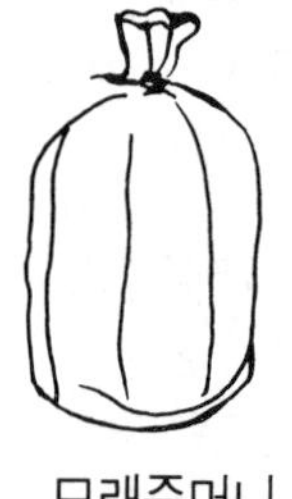

모래주머니

모래통 손끝 단련통

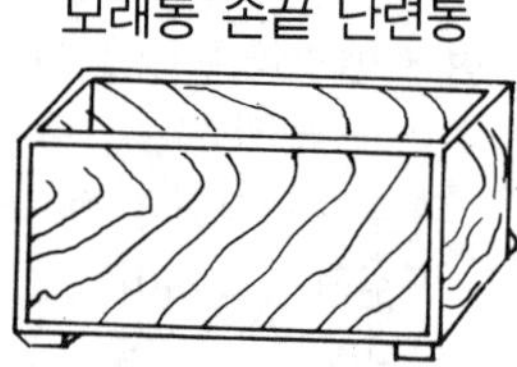

• 각목에 새끼를 감아 벽에 붙여 세우거나 아니면 땅을 파서 묻어 세운다

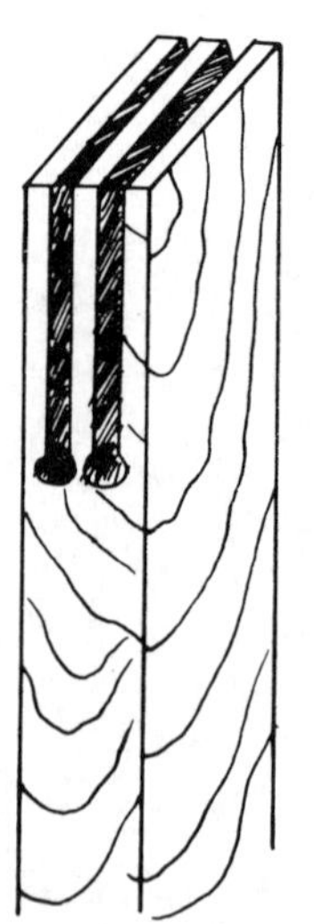

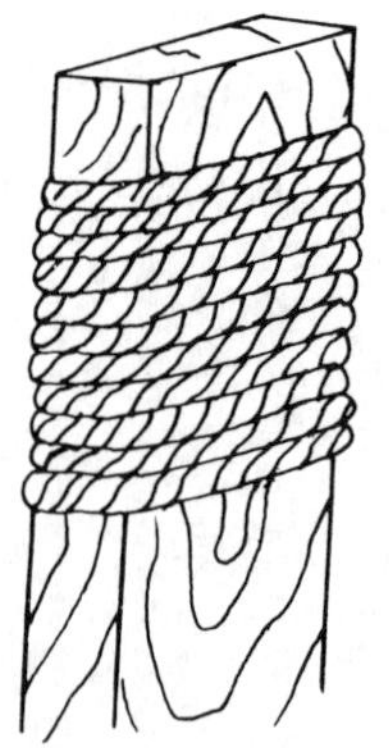

단련의 요령

　단단한 물체를 때리면 아픔이 온다. 처음부터 강하게 때리면 당연히 열이 오르기 시작하고 그 다음엔 아픔의 감각이 마비되어 버리게 된다. 그 느낌에 따라 속도와 힘을 조금씩 가해 준다.

　하루에 다 하고자 하면 무리가 생겨 단련 부분에 이상이 생기고 계속할 수 없게 된다. 일정한 횟수를 정하고 오랜 시간 꾸준히 노력하여야 한다.

　때릴 때에는 수평과 수직으로 때려야 하며 비스듬히 때리는 것은 좋지 않다.

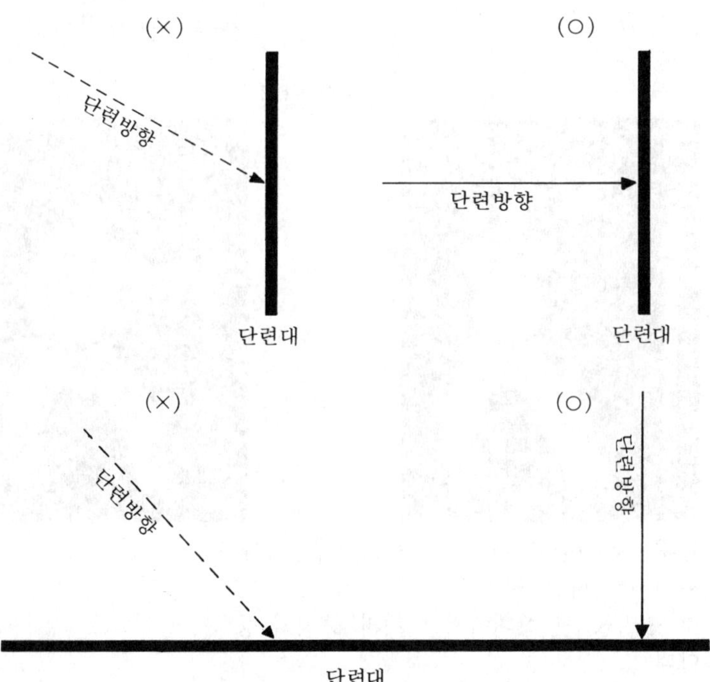

주 먹

정권 단련

1. 정권 단련은 앞굽혀서기
에서

2. 몸통 반대지르기로 단련
한다
※ 주먹을 쥔 상태에서 인지
와 중지의 정면

등주먹 단련

1, 2. 뒷굽혀서기에서 양 주먹을 가슴에서 엇
걸어 단련시킨다
※ 주먹을 쥔 상태에서 인지와 중지의 등쪽
마디

손 날

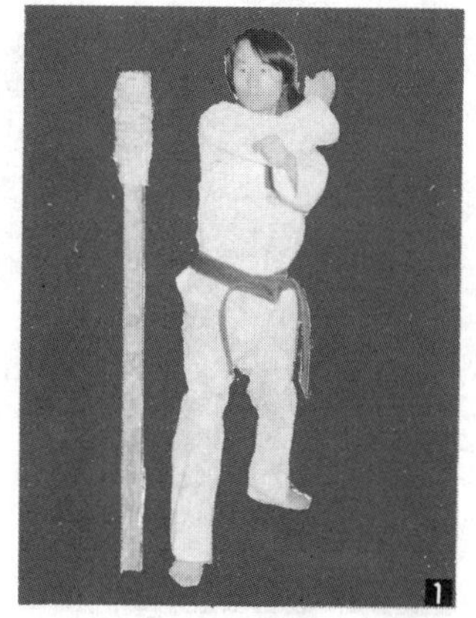 

1, 2. 단련대 측면에서 앞굽혀서기로 단련 손날
을 반대 방향 어깨까지 끌어올려 단련시킨다

팔 굽

1. 앞굽혀서기에서 단련대 정면에서 어깨와
수평을 이루어 단련시킨다

앞차기(앞축)

1, 2. 단련대를 향하여 겨누기 자세로
앞차기를 한다
※ 발축을 단련시킨다

옆차기(발날)

1, 2. 단련대를 향하여 옆차기를 한다.
※ 겨누기 자세에서 발날 부위를 정확
하게 단련시킨다

제 8 장

호신술

●

호신술이란 약자가 강자로부터
공격을 받을 때, 불의의 공격을 당할 때
공격자의 허점을 역습하여 자신의 몸을 보호하기 위한
태권도 기술의 일부이다. 그러므로 호신술은
많은 수련으로 어떤 상황에서도 반사적인
동작을 취할 수 있도록 자신의
기술로 익혀야 한다.
※이외에도 많은 동작이 있으나
신체적으로 가장 많이 공격당하는
부분의 기술만 열거하였다.

머리를 잡혔을 경우

※ 이 경우는 공격자가 상대의 기술을 전혀 의식하지 않고 여유 있는 동작으로 잡기 때문에 빠른 동작을 취하여 역습하면 쉽게 물리칠 수 있다.
1. 양손으로 공격자의 손을 잡는다.
2. 동시에 몸을 앞으로 굽혀 손목을 꺾는다.
3. 몸을 앞으로 당겨 오른 무릎으로 가슴을 공격한다.

오른 어깨를 잡혔을 경우

※ 공격자의 팔굽 관절을 눌러 역습하는
동작이다.
1. 오른손을 공격자의 팔굽 안쪽으로 넣어
누른다.
2. 몸을 밀착시키면서 허리띠를 잡아당겨
앞으로 넘긴다.
3. 공격자의 명치를 오른 주먹으로 공격한
다.
※ 넘길 때는 공격자보다 몸을 낮추어 당
겨야 한다.

왼 어깨를 잡혔을 경우

※ 팔굽 관절의 굽혀짐을 막아 공격하는 동작이다.
1. 오른손으로 공격자의 손등을 잡으며 왼손으로 팔꿈치를 받쳐 올린다.
2. 팔의 통증으로 공격자의 몸이 앞으로 숙일 때 힘을 주어 가까이 당긴다.
3. 오른 무릎으로 명치를 공격한다.

양 손으로 가슴을 잡혔을 경우

※ 방어자 또한 양손을 사용하므로 빠른
동작이 필요하다.
1. 오른손을 공격자의 왼손 팔꿈치 안쪽으
로 넣는다.
2. 오른손을 왼손으로 잡는다.
3. 몸을 오른쪽으로 돌려 'X'자로 힘껏 잡
아당긴다.
4. 공격자가 중심을 잃고 넘어지면 왼주먹
으로 명치를 공격한다.

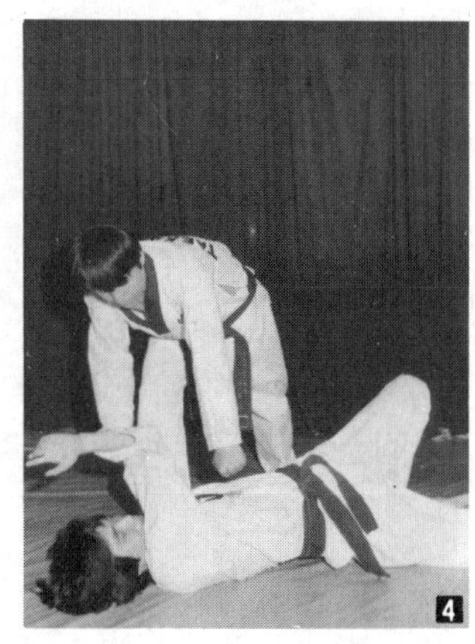

등뒤에서 팔 밖으로 껴안을 때

※ 공격자의 몸이 가까이 있으므로 한 동작으로 역습할 수 있어야 한다.
1. 빠른 동작으로 자세를 낮추며 양손으로 공격자의 양팔을 위로 치켜 올린다.
2. 몸을 왼쪽으로 돌려 왼팔굽으로 명치를 공격한다.

등뒤에서 팔 안으로 껴안을 때

※ 밖으로 껴안는 동작보다 더욱 몸이 밀
착되어 있으므로 빠른 동작으로 공격자를
완전히 밀쳐 내야 한다.
1. 발을 벌리며 몸을 앞으로 숙여 발을 잡
는다.
2. 잡은 발을 빠르게 끌어올린다.
3. 뒤로 넘어진 공격자를 옆차기로 제압한
다.

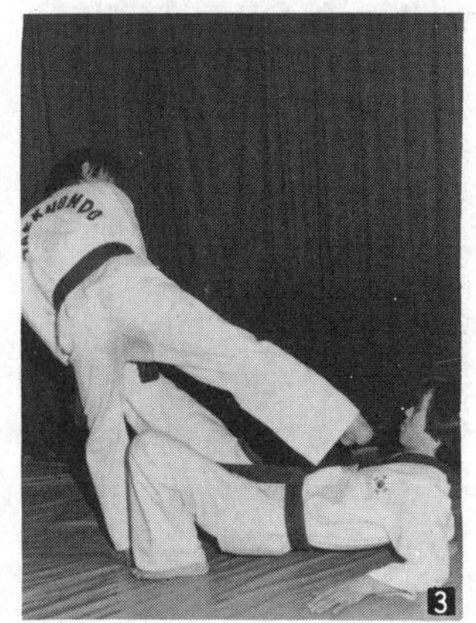

허리띠를 잡혔을 때

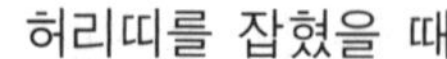

※ 공격자가 장소를 이동하려고 하는 경우
이므로 공격자의 팔꿈치와 손에는 많은 힘
이 들어 있다. 그러므로 팔굽 관절은 상대적
으로 굽혀지지 않으므로 공격하기가 쉽다.
1. 왼손으로 공격자의 팔굽 안쪽으로 팔을
넣는다.
2. 오른쪽으로 왼손을 잡아 앞으로 당긴다.
3. 양손에 힘을 주어 팔을 꺾어 앞으로 누
른다.
4. 빠른 동작으로 오른손날로 공격자의 목
을 공격한다.

오른 손목을 잡혔을 경우

※ 가장 많은 공격을 당하는 동작이다. 쉽게 물리칠 수 있는 동작으로 팔목에 힘을 주어 빠른 동작으로 당겨야 한다.
1. 손을 수평이 되도록 약간 끌어올린다.
2. 동시에 팔꿈치로 공격자의 팔꿈치를 때린다(팔을 잡아당길 때 손이 내려가지 않게 주의한다).
3. 오른손날에 힘을 주어 목을 공격한다.

양손을 잡혔을 경우

※ 자연스러운 자세에서 몸을 좌우로 약간 움직여 빠른 동작으로 손목을 잡아 역습하는 동작이다.
1. 오른손을 약간 굽혀 뿌리치며 공격자의 오른손을 잡는다.
2. 이어서 왼손도 공격자의 손을 뿌리쳐 손목을 잡는다.
3. 'X'자로 꺾어 넘긴다.
4. 완전히 넘어질 때까지 손을 얼굴쪽으로 누른다.
5. 왼손으로 명치를 공격한다.

한 손을 양손으로 잡혔을 경우

※ 공격자의 힘이 양손에 있으므로 양손을
이용하여 빠른 동작으로 공격한다.
1. 왼손으로 오른손을 잡으며 약간 밑으로
내린 후 힘껏 끌어올린다.
2, 3. 끌어올린 후(2), 오른손을 앞으로 당
겨 손날 목치기.

공격적인 저의를 품고 악수를 청했을 때

※ 이 경우는 흔하지 않으나 경우에 따라
서 정확한 판단으로 공격을 해야 한다.
1. 공격자의 몸을 약간 끌며 왼손을 팔굽
안쪽으로 넣어 꺾는다.
2. 완전히 당겨 넘어진 후에는 여러 가지
공격법이 있으나 공격자로부터의 언행에
따라 다른 동작을 취한다.

부 록

1. 경기규칙
2. 주심의 신호

1. 경기규칙
(세계태권도연맹)

제1조 목 적

본 규칙은 본 연맹과 각 지역 연맹, 각국 협회가 주최 및 주관하는 모든 태권도대회가 통일된 규칙 아래 원활하고도 적정하게 운영하는 데 필요한 모든 사항을 규정함에 그 목적이 있다.

제2조 규칙의 적용 범위

본 규칙은 본 연맹, 각 지역 연맹, 각국 협회가 주최 및 주관하는 모든 대회에 이를 적용하여야 한다.

1. 각 가맹협회가 본 규칙의 일부를 그의 국내 사정에 맞게 수정하여 사용하고자 할 때는 WTF 실행위원회의 사전 승인을 얻어야 한다.

2. 각 가맹협회가 본 규칙을 자국어로 번역하여 사용하고자 할 때는 WTF 실행위원회의 사전 승인을 얻어야 한다.

제3조 경기장

경기장은 바닥이 목재 또는 에타폼판 재료로 되어야 하며, 그 바닥이 수평이어야 하고, 크기는 가로 12m×12m의 정방형이어야 한다. 이 안에는 모든 장애물이 없어야 한다(그림 1 참조).

단, 필요에 따라 경기장을 바닥보다 20cm 이하 높이의 경기대로 대치할 수 있다.

1. 경기 장소, 경계선

경기장 내 8m×8m 크기의 정방형을 폭 7.5cm의 백색 선으로 표시한 것을 경계선이라고 칭하며, 경계선 내의 지역을 경기 장소라고 칭한다.

2. 심판원, 선수, 코치의 위치 표시

1) 주심 위치 표시

경기장 중심점으로부터 배심원석을 향해 1.5m 후방에 직경 15cm 크기의 흑색 원을 그려 표시한 것을 주심 위치 표시라고 칭한다.

2) 부심 위치 표시

경계선이 서로 닿은 각 코너에서 경기장 중심점을 향해 50cm 떨어진 곳에 직경 15cm 크기의 백색 원에 흑색의 (1), (2), (3), (4)로 표시한 것을 부심 위치 표시라고 칭한다.

단, 배심원석에서는 경기 장소를 향해 좌측 앞 코너를 (1), 좌측 뒤 코너를(2), 우측 뒤 코너를(3), 우측 앞 코너를 (4)로 하며, 위 각 위치 표시 위에 이전이 용이한 의자를 준비한다.

3) 배심 위치 표시

주심 위치 표시로부터 앞면에 그은 경계선 중심으로부터 3m 이상 떨어진 곳에 직경 15cm 크기의 백색으로 표시한 원을 배심 위치 표시라고 칭하고 위 위치 표시 위에 책상과 의자를 준비한다.

4) 선수 위치 표시

경기장 중심으로부터 배심원석을 향해 좌우로 각 1.0m 떨어진 곳에 직경 15cm 크기의 청·홍색으로 표시한 원을 선수 위치 표시라고 칭하며, 우측을 청, 좌측을 홍으로 선수 위치를 표시한다.

5) 코치의 위치 표시

청 및 홍의 선수 위치 표시에 가까운 경계선 중심으로부터 각 3m 이상 떨어진 곳에 직경 15cm 크기의 각 청색 및 홍색으로 표시한 원을 코치 위치 표시라고 칭하며, 배심원석에서 경기 장소를 향해 좌측을 청코치, 우측은 홍코치 위치 표시라고 칭하고,

이 위치 표시 위에 코치용 의자를 준비한다.

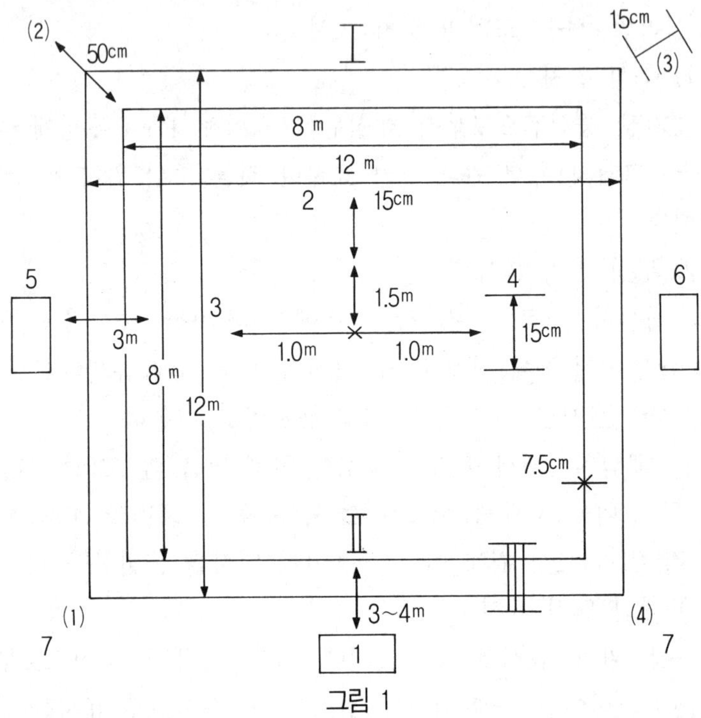

그림 1

Ⅰ ― 경기장

Ⅱ ― 경기 장소

Ⅲ ― 경계선

1 ― 배심원석

2 ― 주심 표시

3 ― 청선수 표시

4 ― 홍선수 표시

5 ― 청코치 표시

6 ― 홍코치 표시

7 ― 부심 표시

제4조 선 수

1. 자　격

　　1) 출전국 국적 소지자
　　2) 출전국 협회가 추천한 자
2. 복　장
　　1) 경기에 임하는 선수는 WTF가 규정한 도복, 몸통 호구, 낭심
보호대 및 팔다리 보호대를 착용하여야 한다.
　　2) 선수 고유 번호는 도복 상의 어깨 위에 부착하여야 한다.
　　3) 도복, 호구 이외의 경기 진행에 지장을 주는 물건은 지닐
수 없다(안경, 반지, 시계 등).
3. 의무 사항
　　1) 경기에 임하는 선수는 흥분제 사용이 일체 금지된다.
　　2) 흥분제를 사용한 사실이 판명되었을 때 해당 경기자는 실
격된다.

제5조 체　급

　　체급을 다음과 같이 구분한다.
1. 남자부 체급
　　1) FIN　　　　　　　　50kg까지
　　2) FLY　　　　　　　　50kg 초과 54kg까지
　　3) BANTAM　　　　　54~58kg
　　4) FEATHER　　　　　58~64kg
　　5) LIGHT　　　　　　64~70kg
　　6) WELTER　　　　　70~76kg
　　7) MIDDLE　　　　　76~83kg
　　8) HEAVY　　　　　　83kg 초과
2. 여자부 체급

1) FIN	43kg까지
2) FLY	43kg 초과 47kg까지
3) BANTAM	47~51kg
4) FEATHER	51~55kg
5) LIGHT	55~60kg
6) WELTER	60~65kg
7) MIDDLE	65~70kg
8) HEAVY	70kg 초과

제6조 계체량

각 체급의 모든 선수는 경기 시작일로부터 경기 종료일까지 매일 계체량을 받아야 한다. 계체량은 알몸시의 체중을 뜻하며, 순서에 따라 호명된 직후 1회에 한하여 계량한다. 단 경기 초일에는 경기 시간 2시간 전, 그 다음날부터는 경기 시작 1시간 전까지 모든 계체 업무를 끝마쳐야 한다. WTF 집행위원회는 필요에 따라 이를 변경할 수 있다.

제7조 경기의 종류 및 방식

모든 경기를 다음에서 보는 단체전과 개인전을 통한 단체전으로 구분하며, Elimination Tournament 방식에 의한다.

1. 단체전은 체급의 제한 없이 제출된 5명의 정선수(1명의 후보선수) 명단 순위에 따라 경기를 진행하며, 5명 선수간의 대전 승률로 승패를 결정한다. 단, 후보선수는 정선수 부상시에 한하여 대전을 허용한다.

2. 개인전은 각 체급별로 결정된 대전 배정에 따라 출전한 선수간의 대전 결과에 의하여 체급별 등위를 결정한다.

3. 개인전을 통한 단체전은 위 2의 개인전 방식에 따라 체급별

등위를 결정한 후, 사전에 정한 체급별 등위 채점표에 의하여 단체별 등위를 결정한다.

4. Elimination Tournament 방식을 운영함에 있어 출전자 수가 4명을 초과할 때, 제2차전에 진출할 선수의 수가 4, 8, 16……,이 되도록 대진표를 작성하고, 제1차전을 부전승으로 제2차전에 진출한 선수가 있을 경우 이들의 대전 경기 시간을 제1차전에서 대전 승자가 되어 제2차전에 진출한 선수보다 앞서 경기토록 배정한다. 단, 모든 경기는 선수 3인 이상 또는 3개 단체 이상의 참가로 성립되며, 경기의 종류 및 방식의 선정은 WTF 실행위원회가 이를 정한다.

제8조 추 첨

모든 대회의 대전 결정은 추첨 방식에 의하며, 늦어도 경기 시작 1일 전에 WTF 임원, 참가국 대표가 참석한 자리에서 추첨 임원(조직위원회)이 이를 집행한다. 추첨의 순위는 WTF에 제출된 국가 공식명의 알파벳 순서에 의하며, 경량급에서 중량급순으로 이를 집행한다.

단, 추첨에 불참한 참가국에 대하여는 추첨 임원이 이를 대행할 수 있다.

제9조 경기 시간

경기 시간은 3분×3회전으로 하고 각 회전간의 휴식 시간을 1분으로 한다.

단, 필요에 따라 2분×3회전, 회전간의 휴식 시간 30초의 경기를 할 수 있다.

제10조 선수의 호출

선수의 호출은 배정된 경기 시간 3분 전으로부터 1분 간격으로 3회를 호출하며, 3회 호출 후 1분이 경과하여도 출전하지 않은 선수는 출전권을 포기한 것으로 간주, 상대편 선수에게 승자 선언을 한다.

제11 조 경기의 시작과 종료

경기는 매회전마다 주심의 "시작" 선언으로 시작되고 계시원의 경기 시간 종료 신호에 주심의 "그만" 선언으로 종료된다.

제12 조 경기 시작 전 및 종료 후의 위치

선수 및 심판 인원의 경기 시작 전 및 종료 후의 위치는 다음과 같다.

1. 선수는 지정된 청·홍선수 위치 표시 위에서 배심원석을 향하고 선다.

2. 주심은 주심 위치 표시 위에서 배심원석을 향하고 선다.

3. 부심은 각 코너별 부심 위치 표시 위에 준비된 의자에 위치한다.

4. 배심원은 주심 및 선수를 향해 준비한 테이블에 위치한다.

제13 조 경기 시작 직전 및 종료 후의 행사

1. 개인전 시작 직전의 행사

  1) 주심의 "차려", "경례" 구령에 배심원석을 향해 입례한다.

  2) 주심의 "좌우향우"의 구령에 마주보고 선 후, "경례" 구령에 상호 입례한다.

  3) 주심은 먼저 청선수, 그리고 홍선수의 순으로 복장 점검을 한다.

  4) 주심의 "준비"(구령)×"회전" "시작"(구령)으로 경기를 시

작한다.

2. 개인전 종료 직후의 행사

  1) 청 · 홍선수는 서로 마주보고 선다.

  2) 주심의 "차려", "경례" 구령에 서로 입례한다.

  3) 주심의 "좌우향우" 구령에 배심원석을 향한다.

  4) 주심의 "경례" 구령에 입례한다.

  5) 주심은 마지막 회전의 채점표를 부심으로부터 받아 배심원에게 전달한 다음, 배심원으로부터 승패 판정의 지시를 받은 후 청 · 홍선수 중간 지점에서 배심원석을 향하고 선다.

  6) 승자를 선언한다.

  7) 퇴장.

3. 단체전 시작 직전의 행사

  1) 청 · 홍 양팀의 선수(각 팀 5명씩)는 제출된 명단순으로 배심원석을 향해 종대로 정렬한다.

  2) 주심의 "경례" 구령에 배심원석을 향해 입례한다.

  3) 주심의 "좌우향우" 구령에 서로 마주보고 선 다음, 다시 주심의 "경례"로 입례한다.

  4) 경기 장소 밖 지정된 장소에서 대전 순서를 기다린다.

  5) 순서에 따라 대전하는 선수는 개인전 때와 같은 행사를 거쳐 경기를 시작한다.

4. 단체전 종료 직후의 행사

  1) 단체전 마지막 선수의 경기 종료 직후 청 · 홍 양팀 선수는 경기 장소에 입장하여 서로 마주보고 선다.

  2) 주심의 "차려", "경례" 구령에 입례를 교환한다.

  3) 주심의 "좌우향우" 구령에 배심원석을 향하고 선다.

  4) 주심의 "경례" 구령에 배심원석을 향해 입례한다.

  5) 주심은 승자 선언을 한다.

6) 퇴장.

제14조 득 점

1. 주먹 기술로 몸통 부위를 정확히 공격하였을 때 1점을 득한다.

2. 발 기술로 얼굴, 몸통 부위를 정확히 공격하였을 때 1점을 득한다.

3. 득점 부위(반칙 부위 제외)가 아니더라도 주먹이나 발의 강한 공격으로 배꼽 둘레 이상을 맞아 상대방이 넘어졌을 때 1점을 득한다.

4. 다음의 행위를 범하였을 때 그 공격을 득점으로 인정하지 않는다.

  : 주먹 또는 발의 공격을 가한 직후, 고의로 넘어지거나, 상대 선수의 공격을 방해하는 행위.

【용어 해설】

1. 주먹 기술

바른 주먹(손가락을 말아 쥐어서 인지와 중지의 앞부분)으로 단일 공격하는 것을 말한다.

2. 몸통 부위

유두로부터 아랫배 위의 전면 부분을 말하며 몸통의 등 부위를 뺀 곳을 말한다.

3. 얼굴 부위

얼굴 높이는 이마부터 턱밑에 있는 목 쇄골 위까지이며, 양귀를 중심으로 한 얼굴 전면을 말한다.

4. 발 기술

복숭아뼈 밑 발 부분의 어느 부위라도 사용하여 공격하는 것을 말한다.

5. 정확한 공격

발과 주먹으로 인체의 주어진 공격 부위에 태권도의 기본기에 준한 바른 자세로 공격하였을 경우 상대가 주춤하고 충격을 받았다고 인정할 수 있는 공격.

제15조 감 점

다음의 사항을 범하였을 시 1점 감점을 선언한다. 단, 감점은 전 3회전을 통산하며, 감점 1점×3회는 감점패에 해당한다.

1. 넘어진 상대를 공격하는 행위.

2. 얼굴을 손 또는 주먹으로 강하게 공격하여 상대방에게 상처를 입히는 행위.

3. 머리로 박치기 하는 행위.

4. 주심의 "갈려" 선언 후 고의로 공격하는 행위.

5. 선수 및 코치가 고의로 바람직하지 못한 언동을 심하게 하는 행위.

6. 선수가 경계선(8m×8m)을 넘어서 경기장 선(12m×12m) 밖으로 나가는 행위.

주심은 감점 사항이 생겼을 경우 경기를 중단시키고 감점 선언을 한다. 감점에 대한 사인은 본 규정 부록에 기술한다.

제16조 경 고

다음 사항을 범하였을 시는 경고를 선언하고 0.5점을 감점한다.

단, 경고는 전 3회전을 통산하여, 0.5점×6회는 감점패에 해당한다.

1. 상대를 잡는 행위.

2. 등을 보이고 피하는 행위.

3. 경계선 밖으로 고의적으로 나가는 행위.

4. 무릎으로 공격하는 행위.

5. 잡아 넘기는 행위.

6. 엄살을 부리는 행위.

7. 경계선 주위를 도는 행위.

8. 낭심을 공격하는 행위.

9. 어깨, 몸 그리고 손으로 미는 행위.

10. 고의로 넘어지는 행위.

11. 얼굴을 손 또는 주먹으로 공격하는 행위.

12. 선수 및 코치가 바람직하지 못한 언동을 하는 행위.

　주심은 경고 사항이 생겼을 경우 경기를 중단시키고 경고 선언을 한다. 경고에 대한 사인은 본 규정 부록에 기술한다.

제17조 경기 결과의 판정

　경기 결과의 승자 판정을 다음과 같이 구분한다.

1. 상대방 실격으로 인한 승리.

2. 상대방 경기 포기로 인한 승리.

3. 상대방 부상으로 인한 승리.

4. 상대방 K·O로 인한 승리.

5. 다득점으로 인한 승리.

6. 상대방 감점패로 인한 승리.

7. 경기 우세로 인한 승리.

8. 주심 직권승(RSC)

　1) 주심이나 의사가 경기를 더 이상 속행할 수 없다고 판단했을 때.

　2) 소속 코치가 더 이상 경기를 속행할 수 없다고 판단하여

경기 장소에 수건을 던졌을 때.

  3) 경기 진행 중 선수가 주심의 심판에 항의하며 경기에 불응시, 주심은 즉각 경기 속행을 선언하고 1분이 경과해도 계속 불응시 주심 직권승을 선언할 수 있다.

제18 조 다운 발생 후의 조처

  정당한 공격으로 인하여 경기자가 의식을 잃고 경기 장소에 쓰러지거나, 비틀거리는 상태를 보일 때 주심은 다음의 조처를 취하여야 한다.

1. "갈려" 선언으로 공격 선수의 활동을 저지시키며, 공격 선수가 다운된 선수로부터 먼 거리에 위치하도록 한다.

2. 위를 확인하는 즉시, 다운된 선수 곁에서 큰소리로 "하나"에서 "열"까지 1초 간격으로 외치는 한편 경과된 초 시간을 수신호로 알려야 한다.

3. 주심이 "열"을 카운트할 때까지 회복이 되지 않을 경우 그 선수를 K·O패로 인정, 상대방 선수에게 승자 선언을 한다.

4. 주심이 "여덟"을 카운트할 때까지 일어나 "열"을 카운트할 때까지 선수 위치 표시에 돌아와 재대전의 의사를 표시하는 선수에 대하여는 그의 회복 여부를 확인한 후, "계속" 선언으로 경기를 속행시킨다.

5. 주심이 카운트하는 도중 각 회전 또는 경기 시간이 종료되어도 카운트는 계속되며 "열"을 카운트할 때까지 회복되지 않은 선수를 K·O패로 인정, 상대방 선수에게 승자 선언을 한다.

6. 양 선수가 동시에 다운이 되었을 경우, 주심은 양 선수 중 한 선수라도 회복이 안 된 상태에 있으면 카운트를 계속하여야 한다.

7. 양 선수가 동시에 다운이 되고 카운트 "열"을 셀 때까지 다 같이 회복되지 않았을 경우, 양 선수가 다운될 때까지 얻은 득

점으로 승패를 판정한다.

8. 얼굴 부위의 강타로 인하여 K·O패를 당한 선수의 해당 경기 주심은 그 선수를 당대회 지정 의사에게 진찰시킬 의무가 있다.

9. 금지된 기술에 의하여 다운된 선수가 발생할 경우, 주심은 다음과 같이 조처한다.

  1) 얼굴을 손 기술로 공격당하여 K·O된 경우, 공격자를 패자로 한다.

  2) 낭심을 공격당하여 K·O된 경우 K·O된 자를 패자로 한다. 단, 위 공격이 고의에 의한 것이라고 판정될 때 공격자를 패자로 한다.

  3) 주심이 "갈려" 선언 후 고의로 공격하여 1분을 경과하여도 경기를 속행할 수 없을 경우 공격자를 실격패로 한다.

10. 주심의 판단만으로 위를 판정하기 어려울 경우

  1) 임석 의사의 판정 조언을 요청할 수 있다.

  2) 부심과 협의하여 판정할 수 있다.

11. 머리를 맞아 K·O되었을 경우,

  K·O된 선수는 30일 동안 어느 경기에나 참가할 수 없다. 30일 이후라도 회복된 후 재경기에 출전하고자 할 시는 국가협회 지정 의사의 진단을 받아야 한다.

【용어 해설】

1. 녹다운

  어느 일방의 선수가 상대방 선수의 공격으로 인하여 다음 사항 중 어느 하나에 해당되었을 때.

  1) 발 이외의 신체 부분이 경기장에 닿고 있을 때.

  2) 공격 의사 없이 주저앉아 있거나 비틀거리며 서 있을 때.

2. 녹아웃

녹다운된 후 주심이 카운트 "열"을 할 때까지 경기 계속의 상태로 돌아오지 못한 것을 말한다.

제19조 부상으로 인한 경기 중단에 대한 조처

경기 도중 한 선수 또는 양 선수의 부상으로 인하여 부득이 경기를 중단해야 할 상태가 야기되었을 경우, 주심은 "갈려" 선언으로 경기를 중단시킨 후 다음의 조처를 취하여야 한다.

1. 계시원에게 "시간" 선언을 하여 경기 시간을 정지시킨다.
2. 부상의 크기를 확인하고 경기 계속 여부를 판단한다.
  1) 경기 계속이 불가능할 경우,
    ① 부상의 원인을 야기시킨 자를 패자로 한다.
    ② 부상을 야기시킨 자의 판단이 어려울 경우 부상시까지의 득점으로 승패를 판정한다.
  2) 간단한 응급 처치만으로 경기 계속이 가능할 경우.
    ① 1분을 초과하지 않는 범위 내에서의 치료를 허가한다.
    ② 1분이 경과하여도 선수 위치 표시에서 대전의 의사를 표하지 않는 선수를 패자로 한다.
3. 주심의 판단만으로 위를 판정하기 어려울 경우.
  1) 임석 의사의 판정 조언을 요청할 수 있다.
  2) 부심과 협의하여 판정할 수 있다.

제20조 심판원(주심, 부심, 배심)

1. 자격
  1) WTF가 발급한 각급 국제심판원 자격증 소지자.
  2) 1급 심판원은 배심원, 2급 심판원은 주심, 3급 심판원은 부심. 단, 필요에 따라 이를 변경할 수 있다.
  3) 각국 선수단 임원이 아닌 자.

2. 임무

1) 주심

① 경기의 시작과 그만, 갈려와 계속, 승패의 선언, 감점, 경고의 선언, 퇴장 선언, 득점 무효 표시, 계시 정지 등 경기의 주도권을 가진다.

② 경기 종료 직후, 부심으로부터 채점표를 받는 한편 본인의 채점표와 함께 배심원에게 제출한다.

③ 배심원이 필요하다고 인정, 승패 및 득·감점 경고 등에 관한 의견을 물었을 때 자기의 소견을 진술한다.

2) 부심

① 대전 선수가 득점, 감점 경고에 해당하는 행위를 한 즉시 채점표에 기재한다.

② 경기가 끝난 직후, 채점표를 주심에게 수교한다.

③ 배심원, 주심이 필요하다고 인정하여 득점, 감점 경고에 대한 의견을 물었을 때 자기의 소견을 진술한다.

3) 배심원

① 주심의 경고, 감점 선언을 확인하는 한편, 주심, 부심의 채점을 계산하고 승패를 결정한다.

② 주심 또는 부심이 오판을 하였다고 인정되면, 그 판정의 책임을 묻는 벌칙 제청을 WTF 집행위원회 또는 그 대리인에게 요청할 수 있다.

③ 주·부심이 아래와 같은 오판을 범하였다고 인정되면 해당 경기 종료 이전 선수 퇴장 전에 오판을 정정할 수 있다.

가. 청·홍의 승패를 착각하여 손을 잘못 들었을 경우.

나. 채점표 계산을 잘못하여 오판을 야기시켰을 경우.

3. 심판 판정에 대한 책임

　심판 판정은 절대적인 것이다. 그러나 승패 선언에 정당한 이의가 있다고 할 경우, 해당 경기 코치는 해당 경기 종료 후 소속 선수 단장의 재가를 얻어서 서면으로 소청을 제기할 수 있다. 소청에 대한 사항은 제24조에 따라 처리된다.

4. 심판원 복장

　국제심판원 복장은 WTF에서 규정한 복장을 착용하여야 한다.

　　1) 노란색 상하 신사복에 왼쪽 윗주머니에 WTF 마크 부착.

　　2) 노란색 Y셔츠.

　　3) 진남색 넥타이.

　　4) 흰색 운동화.

제21 조 심판원의 구성 및 배정

1. 모든 대회의 심판원 구성을 주심 1명, 부심 4명, 배심원 2명으로 한다. 다만, 필요에 따라 주심 1명, 부심 2명, 배심원 1명으로 할 수 있다.

2. 심판원의 배정은 대진표의 작성이 완료된 후에 배정함을 원칙으로 하고, 각경기에 임하는 심판원에게는 늦어도 해당 경기 1시간 전까지 이의 사실을 정확히 전달하여야 한다.

3. 심판원의 엄정중립과 공명정대한 판정을 기하기 위하여 대전 선수와 동일한 국적자 또는 동일한 소속협회의 심판원은 그 경기의 심판원이 될 수 없다. 단, 대회 진행에 지장이 있다고 인정될 때 위 요건의 일부를 변경할 수 있다. 그러나 어떠한 경우라도 대전 선수와 동일 국적자가 주심이 되어서는 안 된다.

제22 조 본 규칙에 명시되지 않는 사태

　본 규칙에 명시되지 않는 사태가 발생하였을 경우, 다음과 같이 처리한다.

1. 경기에 관한 사태는 해당 경기 심판원이 합의하여 처리한다.

2. 경기 이외에 관한 사태는 실행위원회 또는 그 대리인이 처리
한다.

제23 조 채점표 양식 및 기록 방식(별첨)

채점표 기록 방식은 다음과 같으며, 아라비아 숫자로 기록한
다.

1. 득점 1점은 1.

2. 감점 1점은 1.

3. 경고 1회는 0.5.

4. 승자 표시는 청·홍 글자에 크게 동그라미로 표시한다.

5. 매회전 기록시 동점일 때는 우세측 득점란에 'V'로 표시한다.

6. 경기 결과의 판정은 해당 판정란에 동그라미로 기록한다.

제24 조 소 청

1. WTF 실행위원장은 대회 개최 전에 소청위원회를 다음과 같
이 구성한다.

  1) 위원장 1인

  2) 위원 6인 이내

2. 위원회 구성

  1) 소청위원장과 위원은 WTF 사무총장 재청에 의하여 WTF
  집행위원장이 위촉한다.

  2) WTF 기술위원장은 당연직 소청위원이 된다.

  3) 소청위원회의 소청 심의는 위원장과 국가가 다른 3명의 위
  원으로서 수행되며, 나머지 위원은 필요시 교대할 수 있도록
  대기시키고 소청위원장의 지시에 따라 교대한다.

3. 소청위원장은 진상 조사에 따라 아래와 같은 조치를 취할 수 있다.

　1) 고의적 승부 조작으로 인한 오판의 경우

　　① 판정에 대한 정정.

　　② 관계자는 징계 조치(심판원 자격 박탈)한다.

　2) 배심원, 주·부심의 착각으로 인한 오판, 채점표 계산 착오로 인한 오판 및 주심의 경기 규정 위반으로 인한 오판의 경우.

　　① 판정에 대한 정정.

　　② 관계자 징계 처분(국제 대회 3회 출전 정지)한다.

4. 기타 위에 해당되지 않은 사항은 WTF 소청위원회의 의결에 따라 처리된다.

5. 소청 심의 절차

　1) 경기 종료 후 판정에 이의가 있을 때 본 20조 3항의 절차에 의한다.

　2) 소청을 받은 소청위원장은 소청 내용을 검토하여 타당성이 있다고 인정하였을 경우, 소청위원회를 긴급 소집, 심의를 거쳐 해당 선수가 다음 경기에 임하기 전 서면으로 결과를 양측에 통보한다.

　3) 소청위원은 공정하고 엄정하게 심의하여야 하며, 필요에 따라 해당 경기에 관련된 주·부심, 배심원, 선수를 소집하여 진상을 문의 확인할 수 있다.

6. 소청위원회 의결은 최종적인 것이며, 누구도 이의를 제기할 수 없다.

부　칙

본 규칙은 1985년 1월 1일 시행했다.

2. 주심의 신호

주심은 경기의 시작과 종료, 갈려와 계속, 경고, 감점, 득점 무효 표시 및 승자 선언, 계시 정리, 부상으로 인한 경기 계속 여부 처리 등, 경기 운영의 전반에 관한 주도권이 있다.

(1)경기 시작 전

1. 주심과 선수의 위치

2, 3. 주심의 "차려" "경례" 구령에 선수는 배심원석을 향해
입례한다

4, 5. 주심의 "좌우향우" 구령에 마주보고 "경례" 구령에 상
호 입례한다

6, 7. 주심이 청색 선수, 홍색 선수순으로 복장을 검사한다

(2)경기 시작

1, 2, 3. 주심의 "준비" "0회전" "시작"순의 구령으로 경기를
시작한다

(3)경기 진행 중의 중단

1, 2. 선수가 경기중에 서로 맞붙게 될 때는 주심이 "갈려"의 선언으로 선수를 떨어지게 한 후에 "계속"이라는 구령으로 경기를 진행시킨다

1, 2. 경기중 선수의 부상, 복장 정돈, 반칙 공격, 또는 기타의 원인으로 경기를 일시 중단해야 할 경우, 주심은 계시원에게 "시간"이라는 구령으로 경기를 일시 정지시킨다

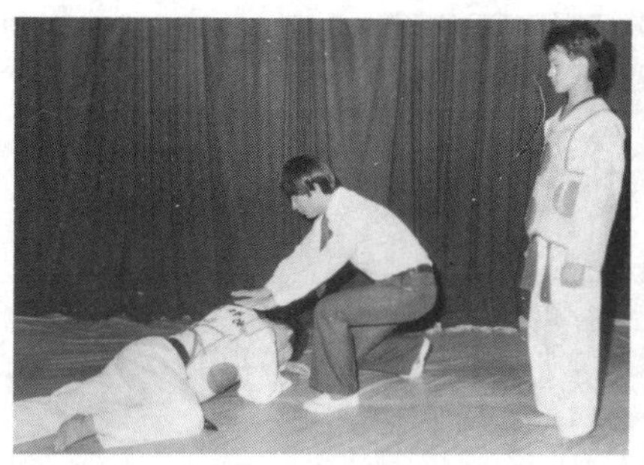

경기 중 어느 한 선수가 녹다운되었을 경우에는 주심은 "갈려"
의 선언으로 경기를 중단시킨 후 큰소리로 1초 간격으로 1~10
까지를 카운팅한다

(4)감점

1, 2. 경기 중 감점 사항이 생기면 주심은 경기를 중단시키고
두 선수를 본래 위치에 세운 후 반칙 선수를 향해 손을 뻗어 인
지로 지적하여 감점 사인을 한 다음 다시 손을 위로 뻗어 인지
끝으로 "감점"이라고 선언한다

넘어진 상대방 공격

주심은 위반자를 향하여 손바닥을 누르고,
발로 차는 자세를 취한다

얼굴을 손 · 주먹 등으로 공격하여 상대
선수에게 상처를 입히는 행위

위반자를 향해 팔굽을 높이 들고 주먹으로
얼굴을 때리는 자세를 취한다

박치기 하는 행위

주심은 두 발을 모아 붙이고 두 주먹을 쥐
어 이마에 붙이면서 위반자를 붙잡는 자세
를 취한다

"갈려" 선언 후의 고의적 공격

주심은 두 손을 펴서 아래로 헤쳐 내리고 위
반자를 향해 발로 공격하는 자세를 취한다

선수 및 코치가 바람직하지 못한 언동을 하는 행위

주심은 위반자를 향해 인지를 세워서 입
앞에 댄다

선수가 경기장(12m×12m) 선 밖으로 나가는 행위

주심은 위반자를 향해 팔을 세워 뻗은 다
음 팔꿈치 앞부분으로 옆으로 눕힌다

(5)경고

1, 2. 경기 진행중 경고 사항이 생겼을 경우, 주심은 경기를 중
단시키고 양 선수를 원위치로 한 후 위반자를 향해 인지로 지
적하여 경고 사인을 한 다음 다시 손을 뻗어 "경고 하나"를 선
언한다

상대를 붙잡는 행위

주심은 팔꿈치를 몸에 붙이고 위반자를 향
해 손끝을 잡아 오므린다

등을 보이며 피하는 행위

주심은 두 주먹을 가슴 앞에 붙이고 지적
한 선수 쪽으로 등을 돌려 보인다

고의적인 경계선 이탈

주심은 팔을 세워 뻗은 다음 팔꿈치 앞부
분을 옆으로 눕힌다

무릎 공격 행위

주심은 발뒤꿈치를 뒤로 들어 위반자를 향
해 무릎을 들어 공격하는 자세를 한다

붙잡아 넘어뜨리는 행위

주심은 위반자를 향해 두 손으로 잡아서 어깨 위로 넘기고 지적된 쪽 발을 약간 드는 자세를 한다.

엄살을 부리는 행위

주심은 위반자를 향해 두 손을 펴서 얼굴 앞에 붙이고 약간 무릎을 구부리는 자세를 한다.

경계선 주위를 도는 행위

주심은 위반자를 향해 인지를 앞에서 밖으로 원을 그리는 자세를 취한다.

국부 공격 행위

주심은 위반자를 향해 두 발을 붙이고 두
손을 펴서 오른손 위에 왼손을 포개어 낭
심 앞에 대고 차는 자세를 한다

상대 선수를 미는 행위

주심은 위반자를 향해 한 발을 가볍게 내
딛으면서 두 손을 펴서 손바닥으로 미는
자세를 한다

고의로 넘어지는 행위

주심은 위반자를 향해 두 발을 붙이고 손
을 펴서 손바닥으로 누르는 자세를 한다

안면을 손 또는 주먹으로 공격하는 행위

주심은 위반자를 향해 팔굽을 높이 들고
주먹으로 얼굴을 지르는 자세를 한다

(6)승자 선언

1. KO승

2. 판정승